KB013115

양에 집중하라

양에 집중하라

천재성과 효율을 만드는 점진적 과부하의 기적

박용환 지음

세이지

'노력 없는 탁월함'만 추종하는 시대,

우리가 놓치고 있는 것

당나라는 중국 역사상 가장 찬란한 문화를 꽃피운 시절이었다. 당시 서예의 달인으로는 구양순, 우세남, 저수량, 유공권 등이 있었다. 그 중에서도 서성(書聖) 왕희지의 서체를 배워 독특하고 힘찬 솔경체(率更體)를 이룬 구양순이 유명한데 그는 글씨를 쓸 때 붓이나 종이를 가리지 않았다. 그러나 저수량은 붓이나 종이가 좋지 않으면 글씨를 쓰지 않았다고 한다. 어느 날 저수량이 우세남에게 물었다.

"내 글씨와 구양순의 글씨를 비교하면 어느 쪽이 더 낫소?"

우세남은 이렇게 대답했다.

"구양순은 붓이나 종이를 가리지 않고 마음대로 글씨를 쓸 수 있었다고 하오. 그러니 그대는 아무래도 구양순을 따르지 못할 것 같소."

이 말에는 저수량도 두 손을 들었다고 한다.

《신당서(新唐書)》의 〈구양순전(歐陽詢傳)〉에 나오는 능서불택필(能書不擇筆), 즉 '명필은 붓을 탓하지 않는다'라는 말의 출처다. 붓을 가리지 않는다는 말은 붓이나 종이를 가리지 않고 글씨를 썼다는 말이 아니라, 어떤 붓으로 쓰더라도 자기가 마음먹은 대로 쓸 수 있는 경지에 이르렀다는 말이다.

서양속담에도 비슷한 말이 있다. 서투른 목수가 연장만 나무란다(A bad workman quarrels with his tools)라는 말로 동·서양의 속담이 공통적으로 말하듯이 성공한 사람, 고수는 남탓을 하지 않는다. 문제의 원인을 자기 자신에게서 찾는다. 아마추어와 서투른 사람은 남 탓을 한다. 가장 큰 문제는 그래서는 발전이 없다는 것이다. 현실적으로도 남탓만 하게 되면 통제할 수 없는 영역에서 원인을 찾게 되기 때문에 해결과 개선이 불가능하다.

'내 탓이오, 내 탓이오.'

천주교 신자들은 기도할 때 자신의 가슴을 치며 이 말을 되뇌인다고 한다. 이 구호처럼 엉뚱한 일로 속상하거나 자신에게 손해되는 일이 있을 때 타인을 미워하고 탓하기보다 자신의 판단이 잘못되었음을 먼저 인정하면 해결책은 선명해진다. 원인을 자기 자신과 내부에서 찾게 되면 내가 할 수 있는 영역에서 해결책을 찾을 수 있기 때문이다. 그리고 이러한 자세는 오랜 끈기를 요하는 양질전환의 일을 할 때 반드시 필요한 자세다.

양질전환의 법칙은 헤겔의 변증법에서 나온 개념이다. 훗날 마르크스의 정치 · 경제사상을 정립하는 데도 큰 영향을 준 이론으로 일정한 양이 누적되면 어느 순간 질적인 비약이 이루어진다는 의미다. 이 과정에서 양적 변화는 점진적으로 진행되지만 질적 변화는 폭발적 형태로 나타난다. 사회문제 역시 점진적으로 나타나지만 양적 변화가 일정한 단계에 도달하면 급격하게 폭발적으로 변화가 일어나 사회 발전의 질적 비약을 가져온다.

동양에서는 오래 전부터 우공이산(愚公移山), 마부작침(磨斧作針), 수적천석(水滴穿石) 등 오랜 누적과 그 결과로 인한 변화를 설명하는 속담이 있어왔다. 서양에서도 최근 '1만 시간의 법칙', '10년의 법칙'의 이름으로 회자되고 있는 원리가 주목받고 있다. 양질전환의 법칙은 상당 부분에 있어서 그러한 법칙들과 맥을 같이 한다. 하지만 양질전환의 법칙은 위의 다른 속담 및 법칙에 비해 더 포괄적이고 근본적인 법칙이라고 말할 수 있다.

이 책에서 양의 누적은 개인의 변화와 발전의 기본 원리이자 성공의 핵심 원리임을 밝히고자 한다. 이 책에 나온 사례를 통해 주요한 사회 변화의 기본 원리도 양질전환의 법칙이 적용되고 있다는 것을 확인할 수 있을 것이다.

'극한의 효율', '최소 투자, 최대 효과'를 칭송하는 요즘 세태에서 성실과 우직한 노력은 비효율로 치부되어 고쳐나가야 할 사회악이 되어가고 있는 듯하다. 그러나 많은 이들이 바라는 반짝이는 천재성과 효율의 정점은 바로 양적인 누적이 있었기에 가능한 결과였다. 10퍼센트의 성공을 위해 90퍼센트의 실패를 안고 가는 구글의 투자 정책이나 15만 점의 작품을 남긴 피카소, 395편의 논문을 남겨 사실상 양으로 승부한 과학자 아인슈타인 등 사회의 중요한 변곡점을 만든 천재나 기업에는 모두 '우보천리'의 지난한 과정이 있었다. 효율·비효율의 잣대에서 벗어나 역사적, 사회적 패러다임시프트를 일으킨 '평범한 사람들'의 땀과, 실패자 또는 퇴물에서 천재가 된 이들의 숨은 과정을 통해 오직 효율성만 추구하는 현 세태에 경종을 울리고 우직한 소가 걷는 천 걸음이 바꾼 세상과 비전을 알아보도록 하자.

차

례

나이와 성별을 불문하고
오늘도 변화를 꿈꾸며
도서관에서, 직장에서, 연습실에서, 훈련장에서
공부하고 연습하고 훈련하는 모든 이들에게 경의를 표하며
이 책을 바친다.

실패의
경제학

1

×

"저희가 이상한 데 투자해도
놀라지 마세요"

×

구글 기업공개 사업설명서 중에서

퇴물의 마지막 반격

전문가는 좁은 분야에서 할 수 있는 실수를 모두 겪어본 사람이다.
|닐스 보어, 물리학자, 1922년 노벨 물리학상 수상|

"구글은 관습에 얽매인 평범한 기업이 아니다"라고 강조한 구글의 기업공개 사업설명서에는 다음과 같은 내용이 있다.

"우리는 10퍼센트의 확률로 10억 달러의 돈을 벌 수 있는 프로젝트에 돈을 투자합니다. … 매우 투기적이거나 심지어 이상해보이는 영역에 우리가 배팅을 하더라도 놀라지 마세요. 우리는 위험 대비 수익이 높은, 평범한 분야를 뛰어넘는 프로젝트에 도전할 것입니다."

2004년 구글이 기업공개를 할 당시 반응은 싸늘했다. 〈워싱턴포스트〉는 독자들에게 이 회사의 주식은 사지 말라고 권했으며, 애플의 공동 창업자 스티브 워즈니악은 구글의 기업공개에 대해 "실패할 것"이라고 단정적으로 평가하기도 했다. 그러나 2004년 당시, 32억 달러(약 3조 2,600억 원)에 못미쳤던 구글의 매출은 10년 만에 650억 달러(약 71조 8,000억 원)로 늘어났다. 순이익률은 20퍼센트가 넘는다. 시가총액은 10년 만에 1,300퍼센트나 폭등했다. 2016년 2월 시가총액은 구글이 애플을 앞질렀다.

세계 최고 기업인 구글이 말하는 성공 확률은 10퍼센트다. 투자 성공률을 현격하게 높이기 위해 구글이 왜 노력하지 않았겠는가? 그럼에도 90퍼센트는 실패한다는 것이다. 하지만 90퍼센트를 실패하더라도 그러한 도전 가운데 10퍼센트의 성공을 발견할 수 있다고 구글은 말한다. 10퍼센트의 성공을 위해 90퍼센트의 실패가 불가피한 것이다. 그리고 그 90퍼센트의 실패는 실패가 아니라 성공을 위한 시행착오일 뿐이라는 것이다.

나치를 피해 1933년 10월 미국 프린스턴대 고등연구소에 정착한 54세의 아인슈타인은 양자역학에 대한 주류 학자들의 비판적인 자세 때문에 "이곳 프린스턴에서 나는 늙은 바보로 취급되고 있다"고 토로할 정도로 퇴물 취급을 받았다. 그러나 그는 포기하지 않고 양자역학의 허점을 찾는 연구를 계속했는데, 1935년 5월 젊은 동료 두 사람(보리스 포돌스키와 네이선 로젠)과 공동으로 학술지 〈피지컬리뷰 레터스〉에 그로서는 사실상 마지막 반격이 된 논문을 발표했다.

"물리적 실재에 대한 양자역학 기술은 완전하다고 할 수 있을까?(Can quantum-mechanical description of physical reality be considered complete)?"라는 제목으로 그의 동료 보리스 포돌스키, 네이선 로젠과 공동저자로 1935년 〈피지컬리뷰 레터스〉에 발표한 이 논문은 구글 논문 검색 결과(2016년 8월 기준) 14,513번이 인용된 것으로 그의 논문 가운데 최다 인용 논문이 되었다. 구글 논문 검색을 통해 확인해보니 아인슈타인은 생전에 논문을 395건(공동논문 포함) 작성한 것으로 나와 있다. 그런데 그중 100회 넘게 인용된 논문은 85편으로 전체 논문의 21.5퍼센트에 지나지 않는다. 즉, 100회 이하로 인용된 논문이 310편(78.5퍼센트)건이라는 것이다. 100회 이하로 인용된 논문이 전체의 거의 80퍼센트를 차지한다. 심지어 10회 이하로 인용된 논문도 130편(32.9퍼센트)이나 된다.

최근 많이 언급되는 80대 20법칙의 논리를 적용해보자. 10회이하로 인용된 논문은 무가치한 것이기에 '선택과 집중'의 논리에 따라 이런 논문을 작성할 시간에 훌륭한 논문에 집중해야 한다는 말인데, 과연 그게 현실적으로 가능할까? 정확히 말하자면 100회 이하,

인용 횟수	1000회 이상	500회 이상	100회 이상	····	10회 미만	합계
논문 수	12편	26편	85편	····	130편	395
비중	3%	6.6%(누적)	21.5%(누적)	····	32.9%	100%

아인슈타인의 논문이 인용된 횟수

10회 이하로 인용된 그런 논문들이 있었기에 1만 회 이상 인용된 탁월한 논문이 존재했던 것은 아닐까?

노력 없는 탁월함에 열광하는 시대

성공은 99퍼센트가 실패다.
| 혼다 소이치로, 혼다 창업자 |

영국의 발명가 제임스 다이슨은 먼지봉투가 없는 진공청소기를 처음 개발해 시장을 휩쓸었다. 그런데 그는 토머스 에디슨을 훨씬 능가하는 실패왕이었다. 그는 무려 15년간 실패를 거쳤다. 이 기간 동안 만든 시제품만 5,127개나 된다. 그는 미국의 월간지 〈패스트 컴퍼니〉에 자신이 겪었던 과정을 다음과 같이 설명했다.

"5,126번의 실패가 있었어요. 그러나 나는 매번의 실패로부터 배울 수가 있었습니다. 우리는 일을 올바른 방식으로 하라고 배웠습니다. 그러나 당신이 다른 사람들은 해내지 못한 무언가를 발견하고 싶다면 다른 방식으로 일을 할 필요가 있습니다."

"우리 사회는 순간적인 탁월함, 노력 없는 탁월함에 경의를 표

합니다. 나는 정반대가 필요하다고 생각해요. 묵묵히 일하면서 꾸준히 전진하며 결국에는 목표를 달성하는 사람에게 경의를 표해야 합니다."

실수는 새로운 통찰의 원천이다. 발명에 대한 거의 모든 스토리가 이같은 사실을 담고 있다. 탄소 실 필라멘트를 발견하기까지 에디슨은 백금 등 다른 재료로 만든 필라멘트로 수백 차례의 테스트를 거쳤다. 우리가 잘 알고 있듯이 어느 날 갑자기 탁월한 아이디어가 떠올라 전구를 발명한 것이 아니다. 에디슨은 700번째 테스트에서 실패했을 당시 왜 포기하지 않았냐는 기자의 질문을 받았다. 여기에 대한 그의 대답은 너무나 유명하다.

"나는 700번 실패한 게 아닙니다. 작동하지 않는 700가지 방법을 발견한 것이지요."

그는 '생산적인 실패'가 성공의 한 부분이라는 것을 알고 있었던 것이다.

"많이 실패하세요"

그가 타석에 들어섰다. 점수는 5회까지 4:4, 원아웃. 상대 팀인 시카고컵스를 응원하는 5만 명의 관중은 그에게 야유를 퍼부었다. 관중석에서 던진 레몬이 그의 얼굴을 정면으로 맞추었다. 얼굴을 붉힌 그가 타석에서 손가락 하나를 들어 센터 쪽을 가리켰다. 바로 그 다음 그는 바깥쪽 낮게 깔리는 커브를 후려쳐 센터 쪽 관중석 한구석에 정확하게 꽂았다.

미국의 전설적인 홈런왕 베이브 루스의 유명한 '예고 홈런' 이야기다. 1932년 10월 1일 뉴욕양키즈와 시카고컵스의 월드시리즈 3차전에서 발원한 이 '예고 홈런'은 말 그대로 전설이다. 물론 루스가 "홈런을 날리는 데는 공 하나면 충분하다"라고 경기 전에 장담하기는 했지만 경기 중에 손가락으로 예고하지는 않았다고 한다. 그날 경기를 지켜본 한 기자가 끼워 넣은 일화가 드라마틱한 전설을 만들어냈다고는 하지만 어쨌든 살아있던 당대에 이런 전설이 회자됐다는 것은 그만큼 사람들의 엄청난 기대와 관심을 받았다는 얘기일 것이다.

　　베이브 루스는 1918년부터 1934년까지 17시즌 동안 12차례 홈런왕에 올랐고 은퇴할 때까지 통산 714개의 홈런을 쳤다. 그런데 그가 메이저리거로 활약하는 동안 기록한 삼진은 1,330개로 홈런 수의 거의 두 배에 이른다. 한 번 홈런을 치기 위해 두 번꼴로 삼진을 당한 것이다. 물론 그의 홈런 기록은 이후 1974년에 행크 에런에 의해 깨지고 말았지만 40년 동안이나 메이저리그에서 최고의 홈런왕으로 오랫동안 자리를 지키고 있었던 기록이다.

　　그런데 그가 삼진을 당하지 않기 위해 몸을 사려 풀스윙을 하지 않았다면 과연 전설적인 홈런왕이 될 수 있었을까? 심리학자인 딘 키스 사이먼튼은 "창의력은 순전히 생산성의 결과다. 히트작의 수를 늘리고 싶으면 실패작의 수도 같이 늘리는 모험을 해야 한다"고 했다. 가장 많이 실패한 사람이 결국에는 가장 성공한 창조자가 된다는 것이다.

　　트와일라 타프는 세계 최고의 현대 무용가이자 안무가다. 영화 '헤어', '아마데우스', '백야'의 안무를 총괄했고 고전과 현대발레를 섞은 크로스오버 발레의 창시자다. 40년이 넘는 그녀의 무용 역사를 집대성한 책 《창조적 습관》에서 "개인적인 실패를 많이 겪어야 대중적으로 실패할 확률이 적어진다"고 말한다. 그녀의 말을 직접 들어보자.

무용수들과 3시간가량 즉흥 연습을 녹화한 테이프에서 겨우 30초 분량의 쓸 만한 동작을 건졌다면 나는 실패하는 것으로 A학점을 받은 셈이다. 계산해보면 나는 그날 한 작업 가운데 99.7퍼센트는 버린 셈이다. 그건 마치 공들여 원고를 쓴 작가가 다시 읽어본 후 딱 세 단어만 남겨둘 가치가 있다고 결정하는 것과 같다. 분명 가슴 아픈 일이지만 내게는 절대적으로 필요한 과정이다. 그런 식으로 시간을 낭비하는 것에 좋은 점이 있다면? 간단하다. 개인적인 실패를 많이 할수록 대중적으로 실패할 확률은 적어진다. (중략) 뉴욕시티발레단에서 내가 좋아하는 무용수들은 가장 많이 넘어지는 사람들이다.

그녀는 〈하버드 비즈니스 리뷰〉와의 인터뷰에서 이렇게 말했다.

"가장 바람직한 실패는 공개되지 않은 사적인 실패다. 이를테면 내가 사무실에서 만들어보는 안무의 실패와 성공의 비율은 6대 1 정도가 될 것이다. 즉, 나는 최종적으로 쓸 작품보다 6배나 많은 작품을 만들어본다. 내 자신의 성공을 위해서는 그 사용되지 않은 습작들이 반드시 필요한 것이다."

세계 최고의 안무가도 직접 만든 안무의 6분의 5를 버린다. 그녀의 기준대로 전체의 6분의 1만을 채택하려 한다면 얼마나 많은 안무를 창작해야 할까. 도예가는 최종적으로 가마에서 도자기를 구워낸 뒤 버리는 도자기가 훨씬 더 많다고 한다. 어려운 과정을 통해 만든 작품이기에 깨뜨리는 마음이 편할 리 없다. 하지만 그렇게 실패한 것들을 깨버릴 때 진정한 작품만 남는 것이다. 실패를 피하거나 두려워하지 않아야 할 이유다.

실패를 피하려고 하면 새로운 일, 하고 싶은 일, 위대한 일을 할 수 없다. 실패의 본질은 피하는 게 아니라 극복하는 것이기 때문이다. 실패는 언제든 있을 수 있고 누구나 겪는 '병가지상사(兵家之常事, 이기고 지는 것은 군대에서 일상적인 일이라는 의미)'라는 것을 일찍 경험하고 극복하는 것이 필요하다. 실패를 피하는 것을 배우기보다 실패를 일찍 경험하고 그것을 두려워하지 않는 것을 배우는 것이 더 중요하다.

아인슈타인의 23가지 실수

성공을 원한다면 실패율을 두 배로 높여라
| 토머스 왓슨(IBM 창업주) |

2002년 노벨경제학상 발표는 세상을 깜짝 놀라게 했다. 경제학자가 아닌 심리학자 대니얼 카너먼이 경제학상을 수상했기 때문이다. 카너먼은 인간의 의사결정이 비합리적인 심리적 요소들에 강하게 영향을 받는다는 사실을 입증한 공로로 노벨상을 수상한 것이다.

그전까지 시장을 지배해왔던 주류 경제학은 효율적 시장이론을 기반으로 한다. 효율적 시장이론은 인간은 합리적이기 때문에 자본시장의 가격은 소비자가 이용 가능한 정보를 충분히 고려해 즉각적으로 반영한다는 것이다. 반면 행동경제학은 주류경제학의 대명제인

'합리적인 인간'을 부정하는 데서 시작한다. 행동경제학자들은 경제 주체들이 '제한적으로만' 합리적이며 종종 감정적으로 선택하는 경향이 있다고 주장한다.

주류경제학자들의 주장이 틀렸음을 보여주는 대표적인 사건이 2008년 미국발 세계금융위기다. 주류경제학자들의 주장대로라면 이렇게 전 세계를 '패닉'으로 몰고 가는 사건은 일어날 수 없는 일이었다. 하지만 현실에서는 빈번하게 발생한다. 특히 금융시장에서는 '패닉'과 그 반대현상인 '버블'이 수시로 발생한다. 인간은 감정적인 판단을 하기 때문이다.

행동경제학에서 인간은 합리적인 존재가 아니라고 말하고 있듯이 실수와 실패를 바라보는 기존의 가치관에 대해서도 다시 생각해 봐야 한다. 그동안 우리 사회의 인습적인 지혜는 실수는 나쁜 것이고 지양해야 할 것으로 가능한 한 저지르지 않아야 한다고 말한다. 하지만 현실에서는 실수와 실패가 엄청난 발견과 발명으로 이어지는 경우가 많다. 항생제, 비행기, 핵에너지 개발이 그런 예다. 각각은 세상을 바꾼 엄청난 혁신이지만, 동시에 실수가 없었다면 세상에 나오지 못했을 것이다.

런던대학교의 세균학 전문 교수이자 생물학자인 플레밍은 산만한 연구자로 알려져 있었다. 1928년 9월 3일, 오랜 휴가에서 막 돌아온 그를 맞이한 것은 곰팡이로 가득한 배양접시였다. 플레밍은 푸른곰팡이가 핀 접시를 싱크대 속으로 던져버렸다. 그러던 문득 파랗게 핀 곰팡이가 담긴 한 접시에서 이상한 것을 발견했다. 곰팡이가 세균을 녹여버린 것 같은 흔적이 눈에 띄었던 것이다. 푸른곰팡이가 살균효과가 있다는 것을 발견한 순간이었다. 그는 이 순간을 "수천 가지

곰팡이와 세균 중에서 푸른곰팡이를 찾아낸 것은 복권에 당첨된 것이나 마찬가지"라고 회고했다.

"나는 실수를 축복이라고 생각한다"고 말한 P&G의 탁월한 CEO인 A. G. 래플리의 말처럼 플레밍은 실수를 통해 축복의 기회를 만들어냈다. 그의 발견은 주도면밀한 실험의 결과가 아니었다. 우연이라고 불러도 좋을 실수가 만들어낸 기회였다. 배양접시는 오염되어 있었고 오랫동안 방치된 상태였다. 실험실을 엉성하게 운영하는 '실수'를 저지르지 않았다면 이런 '기회'는 나타나지 않았을 것이다. 그리고 이날의 발견은 흔하게 발생하는 다른 많은 실수들과 함께 묻힐 수도 있었지만, 플레밍은 당시 오염된 배양 접시가 특별하다는 것을 간파했다. 실수로 보였던 일이 20세기 가장 혁신적인 약품인 페니실린 개발의 촉매가 된 것이다.

라이트 형제의 하늘을 날겠다는 시도는 인습적인 지혜에서 봤을 때 '나쁜 판단'에서 비롯됐다. 당시에 모든 사람들은 하늘을 결코 날 수 없다고 생각했기 때문이다. 라이트 형제가 최초로 하늘을 날기 불과 8년 전인 1895년, 절대온도의 창시자이자 물리학자이며 영국왕립협회장이었던 윌리엄 톰슨은 단호하게 이렇게 말했다.

"공기보다 무거운 물체는 하늘을 날 수가 없다."

핵에너지 역시 출발점을 파헤치면 '실수'로 비롯되었다는 것이 정설이다. 핵에너지 개발 연구를 촉발했던 아인슈타인의 1905년 논문은 실수로 가득했다. 독일의 〈물리학 연보〉에 기고한 이 논문은 $E=mc^2$이라는 유명한 공식을 담고 있었다. 그러나 이 논문은 곳곳에서 오류가 드러났다. 심지어 $E=mc^2$ 증명에도 오류가 있었다.

명백히 알려진 사실에 근거해서 보더라도 아인슈타인의 일생의

아인슈타인의 23가지 오류 [1]

1) 1905년: 아인슈타인의 특수 상대성 이론이 기반했던 시계 동기화 절차에서의 실수

2) 1905년: 마이클슨–몰리 실험을 고려하지 못한 실수

3) 1905년: 고속 입자의 횡방향 질량에서의 실수

4) 1905년: 액체의 점도 계산 시 사용한 수학과 물리학에서 여러 차례 범한 실수

5) 1905년: 열복사와 빛의 양자 사이의 관계에 대한 실수

6) 1905년: $E=mc^2$을 첫 번째로 증명할 때의 실수

7) 1906년: $E=mc^2$을 두 번째, 세 번째로, 네 번째로 증명할 때의 실수

8) 1907년: 가속 시계의 동기화 절차에서의 실수

9) 1907년: 중력과 가속의 등가원리에서의 실수

10) 1911년: 빛의 굴절을 최초로 계산할 때의 실수

11) 1913년: 일반상대성원리의 이론화를 최초로 시도할 때의 실수

12) 1914년: $E=mc^2$를 다섯 번째로 증명할 때의 실수

13) 1915년: 아인슈타인–드라스 실험의 실수

14) 1915년: 일반상대성원리의 이론화를 몇 차례 더 시도하면서 했던 실수

15) 1916년: 마하의 원리를 해석할 때의 실수

16) 1917년: 우주항을 도입할 때의 실수(아인슈타인 스스로 '가장 큰 실수'라고 인정했다)

17) 1919년: 일반상대성이론을 수정하기 위한 두 차례 시도에서의 실수

18) 1925년: 통일장이론을 공식화하기 위한 시도에서의 일련의 실수들

19) 1927년: 보어와 양적 불확실성에 대해 토론할 때의 실수

20) 1933년: 양자 역학을 해석할 때의 실수(신은 주사위를 굴릴까?)

21) 1934년: $E=mc^2$를 여섯 번째로 증명할 때의 실수

22) 1939년: 슈바르츠실트 특이점과 중력 붕괴(블랙홀)를 해석할 때의 실수

23) 1946년: $E=mc^2$를 일곱 번째로 증명할 때의 실수

연구에서는 최소한 23가지의 오류를 찾을 수 있다고 한다. 인류 역사상 가장 위대한 과학자라 불리는 아인슈타인의 성과물에도 이처럼 많은 허점이 있었다. 이는 위대한 발견과 새로운 통찰을 얻기 위해서는 실수가 불가피하다는 것을 보여준다.

아인슈타인은 일반상대성이론에서도 휘어진 공간을 수학적으로 묘사해야 하는데, 처음에는 계속 실패했다. 수학 실력이 부족해서다. 그러다 교수였던 수학자 친구의 도움을 받아 드디어 '휘어진 공간의 기하학'을 완성한다. 세기적인 과학자가 수학실력이 부족해 어려움을 겪었던 것이다.

의도적으로 실수하라

시카고대학의 교수였던 폴 슈메이커는 그의 책《빛나는 실수》에서 실수를 편익과 비용을 기준으로 네 가지로 구분한다.

		편익	
		낮음	높음
	높음	비극적 실수	심각한 실수
네 가지 유형의 실수	비용		
	낮음	사소한 실수	빛나는 실수

그가 말하는 '빛나는 실수'는 비용이 낮으나 편익이 큰 경우를 말한다. 앞서 페니실린을 발견한 플레밍의 경우가 그러한 '빛나는 실

수'의 예다. 실직을 한 사람이 실직을 새로운 기회로 삼아 자신의 적성에 맞는 새로운 일을 찾는 경우도 종종 있다. 이런 경우도 빛나는 실수가 되는 것이다.

더 나아가 폴 슈메이커는 실수를 '의도적으로' 해야 한다고 말한다. 매우 파격적인 주장이 아닐 수 없다. 그런데 그가 말하는 의도적인 실수는 무조건적인 실수를 말하는 것이 아니다. 그 행동이 우리의 지배적인 의사결정 시스템과 상충되느냐에 달려 있다. 즉, 어떤 상황에서 통상적인 의사결정을 이끄는 시스템과 상충되는 행동을 한다면 의도적인 실수가 된다.

그래서 이러한 의도적인 실수에는 두 가지 접근법이 있다. 첫째는, 관습적인 지혜를 거부하고 우리 자신의 직관을 따르는 것이고 둘째는, 우리 자신의 견해와 어긋나게 행동하는 것이다. 이러한 접근법의 공통된 목표는 우리 스스로가 갖고 있는 기존의 사고방식에 도전하는 것이다.

광고업계의 대부 데이비드 오길비가 후자의 접근법을 사용했다. 자신은 성공하지 않을 것이라고 생각한 광고를 실행에 옮긴 것이다. 그렇게 한 이유는 마케팅에 대한 자신의 생각이 여전히 신선한지 알아보기 위해서였다고 한다. 이 가운데 일부는 크게 성공했고 덕분에 오길비는 광고 업계의 전설로 남을 수 있었다.

마 태
효과를
넘어설
수 있을까

2

"무릇 있는 자는 받아
풍족하게 되고
없는 자는 그 있는 것까지
빼앗기리라"

마태복음 25장 29절

대통령의 자녀가 대통령이 될 확률

미국의 사회학자 로버트 머튼은 성경의 마태복음에 나오는 "무릇 있는 자는 받아 풍족하게 되고 없는 자는 그 있는 것까지 빼앗기리라(마태복음 25:29)"는 구절을 인용하여 사회경제적 부익부 빈익빈 현상을 '마태효과(Mattew Effect)'라 이름지었다. 달리 말하면 과거에 성공을 거두도록 특별한 기회가 주어진 사람이 계속 성공을 거두게 된다는 이야기다. 결국 성공은 사회학자들이 말한 '누적된 이익'의 결과라는 것이다.

2015년 3월 21일 〈뉴욕타임스〉에 하버드대 경제학자 세스 스티븐스 다비도위츠가 쓴 흥미로운 기사가 실렸다. "우리의 족벌주의는 어디에 와 있나?(Just How Nepotistic Are We)?"라는 제목의 기고문에서 그는 "대통령 2세가 대통령이 될 확률은 일반인보다 144만 배 높다"는 데이터를 제시하며 "미국 사회의 족벌주의가 매우 심각한 수준"이라고 밝혔다.

먼저 그는 '미국에서 아버지의 신분이 아들에게 얼마나 영향을 미치는지'를 계산했는데 그 결과 아버지가 대통령인 사람이 대통령이 될 확률은 13분의 1이었다. 반면 일반인이 대통령이 될 확률은 18,715,250분의 1로 나타났다. 무려 144만 배 차이다. 그의 빅데이터 분석을 살펴보면 미국 역대 대통령의 아들 중 베이비붐 시대(2차 세계대전 후인 1945~1960년)에 태어난 사람은 13명이다. 다비도위츠는 "이 시기에 대통령의 자녀로 태어나 대통령이 된 사람은 조지 W. 부시(아들 부시) 전 대통령 1명 뿐"이라며 이를 확률로 계산했다. "대통령을 지낸 아버지에 이어 아들도 대통령이 될 확률은 13분의 1이 된다"

고 설명한다.

　　이와 반대로 베이비붐 시대에 태어난 일반인 남성, 즉 아버지가 대통령이 아닌 남성에 대한 빅데이터를 분석했다. 아버지가 대통령이 아닌 남성 3,700만 명 가운데 대통령에 당선된 사람은 단 2명(버락 오바마, 빌 클린턴)뿐이다. 다비도위츠는 이 두 가지 확률 계산을 토대로 "대통령 2세가 대통령이 될 확률은 일반인보다 144만 배쯤 높다"고 주장했다. 그는 같은 방식으로 계산해 아버지의 신분이 아들에게 얼마나 영향을 미치는지를 확률로 계산했다. 결과는 다음과 같다.

- 억만장자의 자녀가 억만장자가 될 확률: 1/9,

  일반인이 억만장자가 될 확률: 1/258,141(2,8682배 차이)

- 상원의원의 자녀가 상원의원이 될 확률: 1/47,

  일반인이 상원의원이 될 확률: 1/398,197(8,472배 차이)

- 주지사의 자녀가 주지사가 될 확률: 1/51,

  일반인이 주지사가 될 확률: 1/306,801(6,015배 차이)

- 메이저리거의 자녀가 메이저리그 선수가 될 확률: 1/73,

  일반인이 메이저리그 선수가 될 확률: 1/14,966(205배 차이)

- 미식축구 선수의 자녀가 미식축구 선수가 될 확률: 1/113,

  일반인이 미식축구 선수가 될 확률: 1/7,220(63배 차이)

　　다비도위츠는 "이 데이터들은 결과적으로 이 사회의 족벌주의가 심각하다는 것을 보여준다"면서 "왜 현대 미국인들이 정치인이란 '직함'에 부여되는 특권을 유지하려 하는지를 알 수 있다"고 말했다.

장관들의 절반은 여성이고

나머지 절반은 남성이지!

장관 중 두 명은 원주민 출신이고,

장관 중 세 명은 캐나다 밖(인도, 아프카니스탄)에서 태어났지

장관 중 두 명은 시크교도이고

장관 중 최소한 한 명은 무슬림이야.

장관 중 한 명은 유방암과 싸우고

장관 중 한 명은 휠체어를 타고 있으며

장관 중 한 명은 시각장애인이야.

장관 중 한 명은 게이라고 밝혔고

장관 중 한 명은 빨강머리지.

아 그리고, 바브딥 장관(혁신·과학·경제개발부 장관)의 저 나선형 수염은 좀

멋있지 않니?

| 한 캐나다인이 2015년 11월 5일에 페이스북에 올린 글 |

2015년 10월 치러진 캐나다 총선에서 자유당 대표 쥐스탱 트뤼도는 캐나다 보수당을 잡고 정권 교체를 이룩했다. 이후 총리로 취임한 트뤼도는 위와 같이 파격적인 구성으로 내각을 채웠다. 반면 한국의 장관들은 어떤가? (2016년 8월 기준)

· 17명 장관 중 여성은 단 한 명

· 17명 장관 중 17명이 석·박사학위 소지자

· 17명 장관 중 해외 유학파가 13명

· 국회의원 출신 3명, 교수 출신 9명

한국의 장관들이 전형적인 엘리트 코스를 밟은, 사회적으로 성공한 배경을 바탕으로 한 반면에 캐나다 장관들은 버스운전자, 게이, 원주민 출신 등 다양한 출신 배경을 가지고 있다. 이것이 한국 사회가 '가진 자' 중심으로 돌아가고 있음을 보여주는 전형적인 모습이다. 이런 사회에서 사회경제적인 약자, 소수자의 목소리가 제대로 반영될 것이라고 기대하기는 힘들다.

실제로 여러 국제기구에서 발표한 자료를 보면 한국의 불평등 상황이 우려할 수준임을 확인할 수 있다. 유엔개발계획(UNDP)이 발표한 '2015년도 인간개발보고서'를 보면 한국은 인간개발지수에서 17위에 올랐지만 교육 격차나 소득 양극화의 불평등을 고려하면 삶의 질이 현격하게 떨어지는 것으로 나타났다. 평균수명, 교육수준, 소득 등의 자료를 바탕으로 삶의 질을 평가하는 것이 인간개발지수 HDI인데, 한국은 교육이나 소득 분야에 '불평등지수'를 적용한 HDI 순위에서는 36위로 떨어졌다.

또한 '삶의 질'에서도 매우 낮은 점수를 받는 것으로 나타났다. 2015년 10월 경제협력개발기구 34개 회원국을 대상으로 OECD가 발표한 '2015 삶의 질 보고서'에 따르면 한국인이 평가한 삶의 만족도는 10점 만점에 5.8점으로 나타났다(OECD 평균은 6.58점이다). 절대평가로 보면 '가'에 해당하는 점수다. OECD 34개 회원국에 러시아와 브라질을 포함한 36개국 중 29위로 최하위권에 해당한다.

양질전환의 법칙과 마태효과

집안은 다들 유복한 편이었고 가족 가운데는 독실한 신자도 한두 명 있었지만 대개는 '자유사상'에 입각해 관용을 베풀 줄 알았다. 그들은 근면으로 드높은 성취를 이룬 부르주아적 가치를 체험했을뿐더러 이것을 자식들에게 전수했다. 많은 어린이가 착취당하는 시대에 이들 현대의 거장들은 자랄 무렵 행복하기만 했던 것은 아니지만 가장 끔찍한 상처는 받지 않았던 것이다.

우리의 현대 거장들은 마치 강력한 자석의 힘에 이끌리듯 젊은 시절에 모두 유럽과 북미의 주요 도시로 이주했다. 이런 도시들에서 미래의 거장들은 취향이 비슷한 젊은이들을 만나 공부 모임이나 예술 또는 과학 회합을 결성하고 인습파괴적인 잡지를 발간하거나 공연을 기획하면서, 훗날의 창조적인 도약을 낳게 되는 지적 잉태기간을 보냈다.

지그문트 프로이트, 알베르트 아인슈타인, 파블로 피카소, 이고르 스트라빈스키, T. S. 엘리엇, 마샤 그레이엄, 마하트마 간디 등 현대 창조적 거장들의 삶을 분석한 통찰력 있는 책, 《열정과 기질》을 썼던 하워드 가드너의 말이다. 창조적인 거장들의 탄생에는 이처럼 사회적인 맥락과 배경이 중요하게 작용한다는 것이다. 즉, 사회적 성공은 사회적 맥락을 바탕으로 한다는 것이다. 역으로 말하자면 사회적 맥락과 뒷받침이 없으면 사회적 성공을 기대하기가 쉽지 않다는 말이 될 것이다.

사회경제적 부익부 빈익빈을 말하는 마태효과는 한 사회가 불평등을 극복하고 제반 구성원들에게 고른 기회를 주기 위해 반드시 고려해야 할 사항임에 틀림없다. '누적'이 정당한 의미를 가지기 위해서는 사회적으로 선택된 누군가에게만 차별적으로 적용되는 것이 아니라 모든 이들에게 기본적으로 동등한 기회가 부여되어야 한다는 것을 전제로 한다. 그 기회를 동등하게 접하지 못하는 상황이라면 '누적'이 불평등한 사회구조를 심화시키는 결과를 초래하게 된다.

'엘 시스테마' 30년의 기적과 조성진

2015년 10월, 세계 최고 피아노 경연대회인 '국제 쇼팽 피아노 콩쿠르(제17회)'에서 피아니스트 조성진이 한국인 최초로 우승하는 쾌거를 이뤘다. 그리고 그해 12월 조성진의 '쇼팽 콩쿠르 우승 실황 앨범'이 발매되자마자 각종 음반 판매 순위 1위를 휩쓸었다. 클래식 앨범으로서는 이례적으로 뜨거운 반응이 아닐 수 없다.

필자는 세계 3대 콩쿠르 중의 하나라고 하는 '국제 쇼팽 콩쿠르'에서 조성진의 우승과 이에 따른 사회적인 관심을 접하면서, 베네수엘라의 '엘 시스테마'가 떠올랐다. 엘 시스테마(El Sistema)는 본래 '시스템'이라는 뜻의 스페인어지만 '베네수엘라의 빈민층 아이들을 위한 무상 음악교육 프로그램'을 뜻하는 고유명사로 통한다. 조성진과 엘 시스테마를 연결지어 생각하게 된 것은 '음악'이라는 공통분모 때문이기도 하지만 더 중요한 것은 그러한 결과를 가져온 배경에 대한 고찰 때문이다.

엘 시스테마는 1975년 경제학자이자 음악가인 호세 안토니오 아브레우와 베네수엘라 정부가 11명의 생활이 어려운 아이들에게 악기를 쥐어준 것으로 시작했다. 허름한 차고에서 전과 5범의 소년을 포함한 11명의 아이들은 난생 처음으로 음악을 연주했다. 엘 시스테마는 종전의 음악교육과는 달리 사회적 변화를 추구한다. 마약과 폭력, 포르노, 총기 사고 등 각종 위험에 노출되어 있는 베네수엘라의 아이들에게 음악을 가르침으로써 범죄를 예방할 뿐 아니라 미래에 대한 비전과 꿈을 제시해 주는 역할을 하고 있다.

이 음악교실은 1977년 스코틀랜드에서 열린 국제경연대회에서 입상하면서 국제 사회에 알려지기 시작했다. 이후 베네수엘라 전역으로 퍼져나가기 시작했고 최근 자료에 따르면 프로그램에 등록된 청소년은 약 35만 명에 달한다고 한다. 이 실험적인 음악교육 프로그램이 엄청난 반응과 효과를 불러오자 지금은 베네수엘라를 넘어 남미 전역은 물론 한국을 포함해 세계 25개국에서 엘 시스테마 프로그램을 도입했다. 전 세계가 부러워하는 기적의 프로젝트가 된 것이다. 현재 베네수엘라에는 어린이, 청소년 오케스트라만 150개가 넘고, 앙상블과 합창단은 수백 개를 헤아린다. 전직 대통령이었던 차베스가 특권층이 아닌 모두의 세상을 꿈꿨듯, 엘 시스테마는 음악을 소수의 특권이 아닌 모든 사람이 누리는 권리로 바꾸는 혁명을 일으켰다.

베를린 필하모닉의 유력한 차기 상임 지휘자로 거론되기도 했던 구스타보 두다멜은 28살이라는 젊은 나이에 LA 필하모닉의 음악 감독이자 상임지휘자를 맡아오고 있다. 그는 1981년 베네수엘라 중서부에 위치한 각종 범죄가 빈번하게 발생하는 가난한 도시, 바르키시메토에서 태어나 10세 때 빈민층 어린이들을 위한 음악교육 프로그램 엘 시스테마를 통해 음악을 배웠다. 17세 나이로 최연소 베를린 필하모닉 단원이 된 더블베이스 연주자 에딕슨 루이즈. 그의 홀어머니는 알코올중독자였지만, 그는 엘 시스테마 덕에 훌륭하게 성장할 수 있었다. 트럼펫 연주자로는 최초로 세계적 음반사 도이체그라모폰과 전속계약을 체결한 파초 플로레스도 엘 시스테마가 낳은 또 다른 인물이다. 그 또한 엘 시스테마를 통해 처음 클래식 음악을 접한 뒤 전문 연주가로 성장했다.

엘 시스테마 프로그램이 배출한 최고의 연주자들은 전 세계 유명 오케스트라에서 활동하거나, 다시 엘 시스테마의 교사로 영입되어 후진을 양성한다. 또한 엘 시스테마를 거친 아이들은 음악가뿐만 아니라 변호사, 의사, 엔지니어로 성장했다. 무료 음악 프로그램의 힘은 우리가 상상할 수 있는 것을 넘어섰다. 엘 시스테마가 일궈낸 많은 음악적·사회적 성취의 비결은 독특한 교육 방식에서 비롯한다. 종교·인종·사회적 지위·정치적 색깔을 모두 지운, 차별 없는 음악 교육이 그 답이었다. 세계적인 트럼펫 연주자 파초 플로레스는 엘 시스테마의 성공을 이렇게 말한다.

"일단 프로그램에 참여하기로 결정만 하면 누구든 수업료와 악기 등을 지원받을 수 있다. 어떠한 배경의 아동도 다 흡수할 수 있고, 어떠한 차별도 다 뛰어넘을 수 있는 프로그램을 구축하고 있다. 엘 시스테마가 40년에 가까운 세월 동안 건강하게 살아남은 비결이라고 생각한다."[2]

LA 필하모닉의 상임 지휘자 구스타보 두다멜은 이렇게 말한다.[3]
"나는 엘 시스테마라는 멋진 시스템 속에서 성장했다. 엘 시스테마는 사회적인 포용이라는 개념에 바탕을 두고 있다. 엘 시스테마는 배제되었다고 느끼는 사람들에게 자리를 마련해주는 것이다. 그것도 영예로운 자리를. 왜냐하면 예술은 영예로운 것이니까. 이게 중요하다. 그래서 LA필의 음악 감독으로 와서 욜라(YOLA, Youth

Orchestra) 오케스트라를 만들었다. 최근 벌써 세 번째 율라가 만들어졌다. 베네수엘라에서 내가 받은 것처럼 LA에서도 역시 많은 청소년에게 악기를 무상으로 주고 음악을 가르치고 있다. 이 같은 음악운동이 전 세계 더 많은 지역으로 퍼져나갔으면 좋겠다."

　　구스타보 두마엘, 에딕슨 루이즈, 파초 플로레스. 이들은 모두 시스템의 산물이다. 그리고 시스템에 의해 키워진 이들이 새로운 시스템을 만들고 있다. 구스타보 두마엘이 LA에서 만들고 있는 YOLA 오케스트라가 그것이다. 미국 사회의 비주류이자 사회문제 발생 원인의 1순위로 꼽히는 중남미에서 온 히스패닉계와, 뿌리 깊은 갈등을 안고 사는 흑인 자녀들을 우선적으로 선발했다. 우리는 조성진과 같은 1인의 성공에 열광할 것이 아니라, '엘 시스테마'처럼 수십 년 동안 유지되면서 인재들을 키우는 '시스템'에 열렬한 반응을 보여야 할 것이다. 모두에게 기회가 고르게 부여되어야 사회 전반적인 발전이 일어난다.

양은
어떻게
질을
잉태
하는가

3

×

"좋은 아이디어를 얻는
최고의 방법은
가능한 한 많은 아이디어를
확보하는 것이다."

×

라이너스 폴링(1954 노벨화학상, 1962 노벨평화상 수상자)

인기 있는 논문을 쓰는 방법

앞서 설명한 20세기 최고의 과학자 앨버트 아인슈타인이 평생 발표한 논문의 수는 395개다. 세기적인 과학자답게 그의 논문 수도 압도적이다. 진화론으로 유명한 찰스 다윈이 발표한 논문은 119개, 심리학의 거장 지그문트 프로이트는 330개의 논문을 발표했다. 발명왕 토머스 에디슨은 미국 특허청에 1,093개의 특허를 냈는데, 이 기록은 아직까지도 깨지지 않은 숫자다.

숫자만으로 보았을 때 더 엄청난 성과는 예술 영역에서 찾을 수 있다. 파블로 피카소는 그림과 조각 등을 비롯해 5만 점 이상의 작품을 남겼고, 요한 제바스티안 바흐는 1,000곡 이상을 작곡했다. 일반 사람들은 그것이 논문이든 작곡든 작품든, 이런 엄청나게 많은 성과물은 '위대한' 인물들의 공통된 특징이라고 생각한다.

하지만 이러한 결과는 어떤 경우에는 모순되게 나타나기도 한다. 식물학자 멘델은 단지 7개의 논문에 기초해 엄청난 명성을 누렸지만 883개의 논문을 작성한 동·식물연구자인 존 에드워드 그레이는 우리에게 별로 알려지지 않았다. 무엇보다도 위대한 창조자가 발표하는 모든 성과물이 그들의 평판에 기여하는 것도 아니다. 셰익스피어는 많은 작품을 만들었지만, 오늘날까지 무대에 한 번도 올라가지 않은 희곡도 많다. 베토벤 또한 그의 열렬한 팬들도 모르는 무명의 곡들도 많이 작곡했다. 앞서 언급한 에디슨은 별로 유용성이 없는 실패한 발명품도 많이 만들었는데 심지어는 백열전구로 벌어들인 수익을 개발비용에 쏟아부었지만 실패한 발명품도 있었다.

이러한 구체적인 예시처럼 창조적인 성과들은 매우 다양한 결과로 나타나는 것처럼 보인다. 창조적인 생산성이 역사적으로 어떻게 다양화되는지, 또 한 개인의 삶 안에서 어떻게 변동하는지를 설명하는 확고한 규칙은 없는 것처럼 보인다. 하지만 이러한 것들에 대해 행동주의 과학자들은 오래 전부터 실증적인 연구를 해왔다.

그 중 가장 대표적인 학자는 캘리포니아대학교의 심리학자인 딘 키스 사이먼튼이다. 그는 20여년에 걸쳐 수백 명의 과학자를 대상으로 성과물(논문)과 탁월한 창의성 간의 관계에 대해 조사했는데, 1997년 〈심리학 저널〉에 '창의적 생산성(Creative Productivity: A Predictive and Explanatory Model of Career Trajectories and Landmarks)'[4]이라는 제목으로 발표한 논문을 통해 밝힌 핵심적인 메시지는 다음과 같다.

첫째, 가장 많이 인용된 논문을 쓴 과학자들은 잘 알려지지 않은 많은 논문들을 발표했다. 유명한 과학자들조차 한 번도 인용되지 않은 논문을 상당히 많이 발표했다. 아인슈타인은 총 248편의 논문을 썼는데 이 가운데 사회에 주요한 영향을 미친 논문은 극소수다.

둘째, 가장 창의적이라는 평가를 받은 과학자들은 '많은' 논문을 펴낸 과학자들이었다. 결과물의 질에 대한 평가는 양의 분포와 거의 일치한다. 평생에 걸쳐 발표한 논문의 양은 창의성과 더불어 명성과 평판을 가늠하는 중요 예측변수인 것으로 드러났다.

셋째, 과학자의 경력을 전 생애에 걸쳐 연도별로 관찰해보니, 최고로 꼽히는 논문을 출간한 전후로 가장 많은 논문을 써낸 것으로 나타났다. 어떤 과학자가 언제 최상급 논문을 내놓았는지는 그 논문 전후로 '얼마나 많은' 논문을 펴냈는지 알아보는 것만으로 예측할 수 있을 때가 많았다. 한 명의 과학자도 때로는 고품질의 논문을 발표하지만 때로는 질 떨어지는 논문을 발표하기도 했으며, 경험과 경력이 많아진다고 해서 탁월한 논문을 더 많이 발표하는 것도 아니었다. 나이에 상관 없이 젊을 때나 나이들 때나 좋은 논문을 발표하는 빈도는 거의 비슷했다. 오히려 논문을 '많이' 쓰는 과학자가 '탁월한' 논문을 '더 많이' 발표했다.

이 같은 조사 결과를 바탕으로 사이먼튼 교수는 '동등확률 규칙(Equal-odds rule)'을 제시했다. 과학자들이 쓰는 논문들 중 어느 논문이 사회에 큰 영향을 미치게 될지 미리 예측할 수 없다는 것이다. 따라서 한 과학자가 쓰는 모든 논문은 성공 가능성이 대체로 동등하다는 것이다. 논문의 질은 양의 확률적 결과이기 때문에 성공적인 논문을 많이 쓰려면 많은 논문을 써야 한다는 것이다.

과잉에 대금을 지불할 용기

'양이 가장 중요한가?'라는 도발적인 제목을 단 논문이 하나 있다. '과학적 명성에 양과 질, 논문의 깊이가 미치는 영향(Quantity, Quality, and Depth of Research as Influences on Scientific Eminence: Is Quantity Most Important?)'이라는 주제의 이 논문은 산호세대학교 심리학과 교수인 그레고리 페이스트가 발표한 것이다. 그는 생물학, 화학, 물리학 분야의 최고의 '엘리트' 과학자 99명을 대상으로 '논문의 양'과 '영향력 및 명성'의 관계에 대한 연구를 진행했다.

그는 먼저 논문의 수와 인용의 정도에 따라 다작형, 대량생산자형, 완벽주의자형, 침묵형이라는 4가지 유형으로 분류(다음 표 참조)

했다. 표에서 볼 수 있듯이 '다작'은 양도 많고 인용 횟수도 많은 경우이고, '대량생산자'는 양은 많지만 인용 횟수는 적은 경우, '완벽주의'는 양은 적지만 인용 횟수는 많은 경우, '침묵'은 양도 적고 인용 횟수도 적은 경우를 의미한다.

연구결과를 살펴보기에 앞서 영향력과 명성에 대한 정의를 알아볼 필요가 있다. 영향력은 논문의 인용 횟수만을 가지고 판단한 것이지만 명성은 인용 횟수, 대내외 논문상, 전문성, 논문의 기여도에 대한 동료 교수들의 판단 등과 같은 훨씬 더 종합적이고 심층적인 지표를 기반으로 한 판단이다. 즉, 영향력보다는 명성이 해당 논문을 평가하는 데 훨씬 더 높은 질적 우위를 가진다는 것이다. 이 연구의 결과는 다음과 같은 몇 가지로 정리할 수 있다.

첫째, 논문의 '양'과 영향력의 상관관계는 적당히 긍정적이다(이는 앞서 사이먼튼의 연구결과를 뒷받침한다).

둘째, 논문의 '양'은 영향력과도 상관관계를 보이지만, 이보다는 명성과 훨씬 더 높은 상관관계가 있다.

셋째, 저명한 과학자들은 인용 횟수와 같은 질에 집중하기보다 논문의 양에 더 많은 관심을 보인다.

좀 더 쉽게 말하면 인용 횟수는 적지만 논문을 많이 발표하는

다작과 인용에 따른 네 가지 유형 (Fourfold productivity Typology)	인용 횟수	논문 수	
		많음	**적음**
	많음	다작형	완벽주의자형
	적음	대량생산자형	침묵형

"대량생산자" 과학자들이 인용 횟수도 많고 논문도 많이 발표하는 "다작형" 과학자들처럼 높은 명성을 얻는다는 것이다. 또한 "대량생산자형"이 인용 횟수는 많지만 논문을 적게 발표하는 "완벽주의자형"보다 명성이 훨씬 더 높다는 것이다(아래의 그래프가 이런 장황한 설명을 직관적으로 보여주고 있다). 논문의 양은 영향력과도 상관성이 있지만 이보다는 명성과의 상관성이 훨씬 높다는 것이다. 해당 분야에서 '최고 등급'의 연구자이고 많은 논문을 제작하는 생산적인 과학자라면 그 논문이 많이 인용되든 그렇지 않든 간에 '양'은 그 자체로 전체적인 명성을 예측하는 데 있어 영향력에 우선한다고 주장한다.

그런데 이 논문이 포함하는 연구자들의 중요한 자격이 있다. 그가 최고 대학의 시니어 레벨의 과학자일 때 많은 작품들을 생산하는 것이 탁월함으로 이끈다는 것이다. 한마디로 최고의 생물학자, 화학자, 물리학자들을 대상으로 한 그의 연구결과는 단순히 논문의 양이 명성(인용 비율, 우수 논문상, 논문 기여에 대한 동료 평가)에 대한 가장 큰 예측변수라는 것이다.

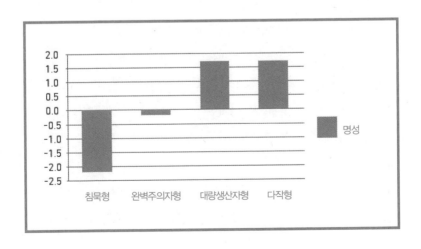

앞서 두 연구결과는 2015년 6월 발표된 논문에서 또 다른 새로운 실험 증거가 된다. 미국 뉴멕시코대학의 신경과학자들과 심리학자들이 사이먼튼과 페이스트의 연구를 확장시켰다. 〈심리학 프런티어〉지에 실린 '창조성에서는 양이 질을 양산한다(Quantity yields quality when it comes to creativity: a brain and behavioral test of the equal-odds rule)'라는 제목의 논문에서 '소규모의 연구 집단'에서도 양과 질이 상당히 높은 상관성을 나타냄을 보여준다.

그들은 미국 뉴멕시코대학에서 발표된 246개의 논문으로 진행한 연구에서 창의성(아이디어의 질)과 유창성(아이디어의 양)의 통계적 상관은 0.73이라는 매우 높은 수치로 나타났다. 이는 달리 말하면 "많은 아이디어를 생산하는 능력(양)은 아이디어의 창조성(질)에 매우 높은 정도로 연관된다"는 것이다. 창조성의 분야에서도 '더 많은' 아이디어를 내는 사람들이 '더 좋은' 아이디어를 창출해낸다는 것이다.

이러한 연구결과는 "히트한(성공한) 작품 수와 전체 작품 수 사이의 관련성은 긍정적이고, 선형적이고, 확률적이고, 안정적"이라고 했던 앞서의 사이먼튼의 이론과 "논문의 양과 명성(질)은 높은 상관관계를 가진다"는 페이스트의 연구결과를 정확히 뒷받침한다.

이 연구결과는 또 다른 면에서 중요한 의미를 지니는데 이를 대표 저자인 럭스 정은 이렇게 말하고 있다. 이 논문은 "피카소, 베토벤, 퀴리와 같이 역사적으로 위대한 사람들에 대한 연구조사(사이먼튼의 연구)는 아니지만 상대적으로 '낮은 창조성' 집단에서 그 관련성(동등확률이론)이 증명되었다"는 것이다. 즉, '역사적으로 위대한' 그룹(사이먼튼) 또는 '엘리트' 그룹(페이스트의 연구)에서 뿐만 아니라, '평범한 그룹'에 대해서도 '양이 질을 보장한다'는 결과를 보여주었다

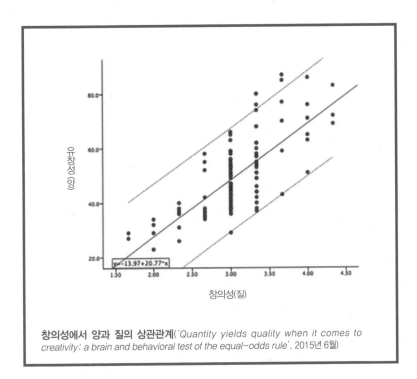

창의성에서 양과 질의 상관관계(*'Quantity yields quality when it comes to creativity: a brain and behavioral test of the equal-odds rule'*, 2015년 6월)

는 것이다.

　이러한 일련의 연구 결과들은 공통적으로 양과 질의 밀접한 상관관계를 반복적으로 증명해 보여주고 있다. 동시에 또 다른 메시지를 우리에게 전해준다. 성공의 지름길은 없다는 것이다. 많이 시도하고, 많이 제작하고, 많이 발표해야 그 가운데 성공작이 나온다는 것이다. 이러한 결과를 역으로 해석하자면 실패는 '불가피한 비효율'이라고 말할 수 있다. 동일한 논리가 우리 삶에도 적용된다. 성공에 이르는 유일한 길은 과잉에 대금을 지불하는 것이다.

　그렇다면 이러한 일련의 연구처럼 논문이라는 형태의 구체적이고 가시적인 결과물을 만들어내지 않는 경우에는 어떻게 적용될 수 있을까? 투여한 절대량(연습시간, 공부시간, 연구시간 등)이 다른 어떤 지표보다 중요하다고 볼 수 있다. 위 연구에서 논문의 절대 '양'이 인용 횟수, 논문상, 동료평가 등을 아우르는 '질'을 만드는 가장 중요한 지표였듯이, 공부나 연습의 절대시간으로 표현되는 '양'이 학습법, 테크닉 또는 단기간의 성과 등을 이루는 가장 중요한 지표라는 것이다.

많은 원고에서 더 좋은 원고가 나온다

나는 한 달에 노트 한 권은 채우도록 애쓴다. 글의 질은 따지지 않고 순전히 양만으로 내 직무를 판단한다. 내가 쓴 글이 좋은 글이든 쓰레기든 상관없이 무조건 노트 한 권을 채우는 일 자체를 중요하게 생각하는 것이다. 만약 25일이 되었을 때 노트가 5장밖에 채워지지 않았다면 나머지 5일 동안 전력을 다해 노트의 나머지를 꽉 채우고야 만다.
| 《뼛속까지 내려가서 써라》 중에서, 나탈리 골드버그 |

왜 양과 질은 서로 연관되는가? 왜 많은 작품을 출간한 사람이 또한 큰 영향력을 가진 작품을 출간하는가? 이와 관련해 노스캐롤라이나대학의 심리학자인 폴 실비아 교수는 2012년 11월 〈사회과학의 영향〉지에 올린 글에서 그 이유를 세 가지로 제시한다.

첫째, 글쓰기는 아이디어를 개선하기도 하고 창조하기도 한다. 즉, 대부분의 사람들은 글쓰기를 일종의 필사(筆寫)로 생각한다. 사실을 취합하고, 의견을 만들고, 알고 있는 것을 정신적으로 출력하는 것이라고 생각한다. 그러나 글쓰기는 이처럼 지식·창조 사이클의 끝이 아니라 시작하는 것이기도 하다. 글쓰는 과정은 어떤 상황에 정면으로 직면하게 하고, 아이디어를 날카롭게 함으로써 질을 개선시키고, 더 많은 아이디어를 분출시킴으로써 양을 개선시키기 때문에 양과 질은 연결된다.

컬럼비아대학 교수이자 작가인 윌리엄 진서는 "글쓰기는 지식을 창조하고, 우리가 반쯤 아는 것을 온전히 이해하기 위한 좋은 방법"이라고 말한다. 아이디어를 붙들고 씨름하는 것은 우리를 더 박식하게 만들고 결국 새로운 아이디어를 생성하게끔 한다. 규칙적으로 글을 쓰는 사람들은 알지만, 어떤 한 가지에 대한 글쓰기를 하다보면 새로운 주제의 아이디어로 연결된다. 글쓰기는 좋은 아이디어를 부르고, 그것이 더 많은 글쓰기를 하도록 하는 것이다.

둘째, 논문과 같은 대외적인 글쓰기에서 일찍 성공을 맛보면 양과 질은 이 두 가지를 도와주는 각종 자원을 불러 모은다. 다시 말해 일찍 글쓰기에서 성공하면 제반 환경, 문화, 더 큰 성공을 도와주는 사람과 기관들에 쉽게 접근할 수 있다는 말이다. 또한 글쓰기에서 사회적으로 주목받는 이른 출발을 보인 사람들은 연구에 집중할 수 있는 시간의 여유와 좋은 환경을 누릴 수 있게 된다. 이 경우 양과 질의 상관관계는 '마태복음 효과', 즉 기회 접근에 있어 가진 자는 더 가지고 없는 자는 있는 것도 뺏기는 영향을 받게 되는 것이다.

셋째, '양'은 동료 연구자들로부터 긍정적이고 고무적인 관심을 불러온다. 글쓰기는 본래 쉬운 일이 아니다. 그래서 글쓰기를 많이 하는 사람은 두드러져보일 수밖에 없다. '양'이 주목되고 가치를 인정받기 때문에 그것은 더 많은 인용과 더 훌륭한 명성이라는, '질'의 표시를 이끄는 순환을 촉발시키게 된다. 세부 학문분야에서 한 사람이 주목할 만한 결과물을 만들어내게 되면 동료들로부터 주목을 받게 되고 그것이 그들로 하여금 논문을 읽도록 하고 그들 자신의 작업에서 인용하도록 한다. 즉, 더 많은 논문이 자기 분야에서 더 많은 잠재적인 효용을 불러일으키는 것이다.

1,500편의 논문과 5만 점의 그림

"나는 지금까지 100권 이상의 책을 펴냈다. 물론 모든 책이 잘 나간 것은 아니다. 하지만 그 책들을 쓰지 않았다면 이번 책을 쓸 기회를 갖지 못했을 것이다."

| 세스 고딘, 작가이자 마케팅전문가 |

헝가리의 천재 수학자 에르되시 팔은 우리에게 친숙한 사람은 아니다. 평생 두 벌의 양복만 있었고, 음식도 해 먹지 않으면서 잠을 자지 않기 위해 암페타민을 다량 복용하며 하루 19시간을 수학을 생각하고 저술하면서 평생 수학의 아름다움에 대한 신념만으로 산 전설적인 학자다. 그는 함수론, 기하학, 확률론 등에 관한 약 1,500편이라는 엄청난 양의 논문과 500여 편의 공동연구논문을 남겨 현대수학의 발전에 큰 공헌을 했다.

평생을 독신으로 지내며 일정한 직업도 집도 없이 반쯤 빈 여행가방 하나만 달랑 들고 수학문제가 있는 곳이면 어디든지 찾아다녔던 괴짜 인생이었다. 그는 재산 대부분을

에르되시 팔

학생들을 돕거나 문제풀이 상금으로 썼다.

그가 심장마비로 세상을 떴을 때 1996년 9월 24일자 〈뉴욕타임스〉 1면에는 '수학의 최전방에 서 있던 방랑자 에르되시, 83세를 일기로 사망하다'라는 제목으로 20세기의 최고의 수학자의 죽음에 대한 장문의 기사가 실렸다. 그는 20세기 최고의 정수론 학자로서 컴퓨터 과학 및 암호학에 중추적 역할을 한 수학 이론을 내놓는 등의 업적을 남겼다.

파블로 피카소는 20세기 최고의 화가이지만, 그가 얼마나 많은 작품 활동을 했는지는 많이 알려지지 않았다. 94세로 죽을 때까지 작품 활동을 한 기간은 75년에 이른다. 그림만 5만 점 이상의 작품을 남겼다. 판화까지 계산하면 15만 점에 이른다. 그의 작품 수는 대략 다음과 같다.

· 13,500점의 그림과 소묘
· 34,000점의 삽화
· 300점의 조각과 도자기
· 100,000점의 판화

우리가 천재 화가로 알고 있는 그는 사실은 엄청난 다작활동을 한 화가인 것이다. 오늘날 우리들은 그저 그의 작품 몇 점을 아는 것뿐이다. 오늘날 그의 전작품의 가치는 1조 원 상당에 이른다고 한다.

영화감독 우디 앨런을 모르는 사람은 없지만, 그가 다작으로 유명한 감독이라는 것을 아는 사람은 많지 않다. 그는 1965년 이후로 평균적으로 1년에 한 편씩 영화를 제작하고 있다. 그것이 50편이다.

심지어 어떤 해는 영화를 두 편이나 제작하기도 했다. 그렇다면 그의 영화에 대한 평가는 어떨까? '소수의 훌륭한' 영화와 '다수의 그렇고 그런' 영화들이다. 하지만 로저 에버트 같은 영화평론가는 그를 '영화계의 보물'이라고 하지 않는가. 그만의 생각은 아닐 것이다.

한국에서도 다작을 하는 대표적인 영화감독으로 김기덕 감독이 있다. 초등학교 졸업이 전부인 학력, 15살부터 시작한 공장생활, 해병대 하사관 5년간 복무 등의 특이한 경력을 가진 그는 1996년 '악어'를 처음 제작한 이래 가장 최근작인 '무신'까지 총 31편의 영화를 제작했다. 1960년생인 그의 나이를 생각해보면 1년에 1.5편의 영화를 만들고 있다는 것이다. 그렇게 다작을 하는 김기덕 감독의 영화 질은 어떤가? 우리가 잘 알고 있듯이 그는 '피에타'로 세계 3대 영화제 중의 하나인 베니스국제영화제 황금사자상을 수상한 것을 비롯해 다음과 같이 수많은 수상경력을 자랑한다. 필자도 이를 확인하는 과정에서 깜짝 놀랐다. 생각보다 그의 영화에 대한 해외 평가가 대단했다(아래 리스트는 국내에서 받은 상을 제외한 것이다).

제71회 베니스 국제영화제 베니스데이즈 작품상

제20회 함부르크 영화제 더글라스 서크상

제69회 베니스 국제영화제 황금사자상

제12회 도쿄필름엑스 영화제 관객상

브리즈번 국제영화제 BIFFDOCS상

제11회 뉴호라이즌 국제영화제 예술영화 경쟁부문 최고작품상

제64회 칸 국제영화제 주목할 만한 시선상

제27회 브뤼셀 판타스틱 국제영화제 오비트 경쟁부문 최우수상

제28회 오포르토 국제영화제 오리엔트 익스프레스부문 심사위원 특별상

제11회 디렉터스컷 시상식 올해의 제작자상

제42회 시카고 국제영화제 플라크상

제26회 판타스포르토 국제영화제 오리엔트익스프레스부문 심사위원특별상

비토리오데시카상 외국영화상

제53회 스페인 산세바스티안 영화제 국제비평가협회 대상

제13회 러시아 황금양상 최우수 외국어영화상

제54회 베를린 국제영화제 감독상

제61회 베니스 국제영화제 최우수감독상

제51회 산세바스티안 국제영화제 관객상

제56회 로카르노 국제영화제 청년비평가상 1등상

제56회 로카르노 국제영화제 국제시네마클럽연맹 돈키호테상

제56회 로카르노 국제영화제 넷팩상

제37회 카를로비바리 국제영화제 넷팩상

후쿠오카 국제영화제 그랑프리상

제21회 판타스포르토 국제영화제 심사위원특별상

제16회 선댄스 영화제 월드시네마상

호주 누사 국제영화제 월드시네마상

그는 작품의 양과 질 어떤 면에서도 우디 앨런에 결코 뒤지지 않는다. 다작을 '함에도' 이런 상들을 받은 것이 아니라, 다작을 '하기에' 이런 많은 상을 받을 수 있었던 것이 아닐까.

매일 거르지 않고 하루에 한 곡씩 노래를 만드는 사람이 있다. 미국의 싱어송라이터 조너선 맨이 그 주인공이다. 1982년생인 그는

2009년 1월 이후로 매일 한 곡씩 2,000일 이상을 넘게 제작해 올리고 있다. 엄청난 제작 양과 빠른 작곡 능력으로 인해 최신 사건들을 주제로 한 곡을 제작하고 그렇게 만들어진 노래는 매일매일 유튜브에 업로드된다. 그의 통렬한 풍자와 음악적인 다재다능함은 스티브 잡스, 스티브 워즈니악, 폴 크루그먼, 레이첼 매도(MSNBC의 앵커)에 의해 인용되기도 했다. 그의 노래들은 '바이러스 같은 느낌'으로 인기를 끄는 곡이 많고, 그의 노래 중의 한 곡은 스티브 잡스가 직접 발표한 아이폰4의 안테나게이트 기자회견에서 오픈곡으로 사용되기도 했다. 한 인터뷰에서 조너선 맨이 한 말을 들어보자.

> 좋은 노래들을 석탄을 캐듯 발굴하거나 낚시하듯 건져내는 책임이 내 안에 있고 나는 그것들을 발견해야 한다고 생각해요. 이것은 70:20:10 규칙이죠. 제가 만드는 노래의 70퍼센트는 평범하고 20퍼센트는 형편없고 10퍼센트만이 훌륭하죠.

만들어내는 모든 곡이 다 인기와 흥행이라는 성공을 가져다주는 것은 아니지만, 다작이 최고의 결과를 내기 위한 최선의 방법임을 보여주고 있다. 그는 또한 매일매일 노래를 만드는 이유를 묻자 노래를 만들 때 가장 행복하며 그런 창작 활동을 통해 '훌륭한' 노래를 발견할 수 있기 때문이라고 설명한다.

· 페이스북 사용자들은 약 250만 건의 콘텐츠를 공유한다.
· 트위터 사용자들은 약 30만 건의 글을 트위트한다.
· 인스타그램 사용자는 22만 건의 사진들을 포스팅한다.

- 유튜브 사용자들은 72시간 분량의 새로운 영상을 업로드한다.
- 애플 사용자들은 약 5만 건의 어플리케이션을 다운로드한다.
- 이메일 이용자들은 약 2억 건의 메일을 보낸다.
- 아마존은 8만 불 이상의 온라인 매출을 발생시킨다.
- 구글 사용자들은 약 4백만 건의 검색을 한다.

위 수치들은 매분 전 세계에서 생산되는 데이터의 양이다. 25억 명의 인터넷 인구가 다양한 플랫폼을 통해 매일도 아니고 매분마다 이렇게 많은 엄청난 데이터를 생산하고 있으니, 그것을 연간으로 계산하면 그 양은 우리의 상상을 초월할 것이다.

그렇게 매분 엄청나게 많은 데이터와 정보를 생산하는 인터넷을 우리는 정보의 바다라고도 하고, 정보의 쓰레기장이라고도 한다. 어디에 시선을 두고 볼 것인지에 따라 둘 다 맞는 얘기일 것이다. 후자의 입장을 가진 사람들은 불필요하고 가벼운 정보들의 범람으로 인해 인터넷이 오용되고 있다고 말하지만, 전자의 입장을 가진 사람들은 자신의 필요에 맞는 정보를 무료로 빨리 찾으며 인터넷의 장점과 혜택을 만끽한다.

1968년에 미국방성에서 ARPA(The Advanced Research Project Agency)라는 이름으로, 긴급 시에도 장애 없이 연결이 가능한 통신망 구축에 관한 연구를 통해 나온 것이 알파넷(ARPANET), 지금의 인터넷의 효시다. 처음에는 국방의 목적으로 그 뒤로는 주로 학술적인 목적으로 이용되었다. 알파넷이 공식적으로 소멸한 것이 1990년이다. 1968년 알파넷에서부터 90년대 초반까지 20여 년이 넘는 기간 동안 인터넷은 극소수에게 이용되는 정보망에 지나지 않았다. 당연히 찾을 수 있는 정보들도 굉장히 제한적이었다. 그 유명한 인터넷 브라우저인 네스케이프가 등장한 것은 1994년이니까, 일반인들이 체감하고 사용하기 시작한 것은 그 즈음으로 보면 될 것이다. 과거에는 인터넷이 이렇게까지 광범위하게 전 세계적으로 사용되는 네트워크가 될 것이라 생각하지 못했겠지만, 전 세계가 망으로 연결되고 인터넷을 통해 찾을 수 있는 정보와 데이터가 어느 순간부터 폭발적으로 증가하기 시작했다. 그때부터 인터넷은 과거와는 완전히 새로운 네트워크로 변모했다. 즉, 질적인 변환을 하게 된 것이다.

참고로 전 세계 데이터의 90퍼센트는 지난 2년 사이 생산되었다고 한다. IBM의 작성한 자료에 의하면 이러한 추세는 앞으로도 계속되어 향후 2050년이 되면 지금보다 50배나 더 많은 정보가 인터넷에 올라올 것이라고 한다. 그래서 빅데이터 비즈니스가 급부상하고 있다. 여전히 인터넷은 진화중이고 인터넷의 지난 역사가 양의 누적에 의한 질의 변화의 역사였다고 한다면, 앞으로는 그 질적인 전환이 누적되어 또 다른 새로운 질적인 전환을 불러오는 시대가 될 것이다.

'얼마나 많이' 보고 듣고 읽느냐가 창조력의 관건

도예 수업 첫날 선생님은 학급을 두 그룹으로 나누었다. 작업실의 왼쪽에 모인 그룹은 작품의 양만을 가지고 평가하고, 오른편 그룹은 질로 평가할 것이라고 말씀하셨다. 평가 방법은 간단했다. 수업 마지막 날 저울을 가지고 와서 '양 평가' 집단의 작품 무게를 재어, 그 무게가 20킬로그램 나가면 'A'를 주고, 15킬로그램에는 'B'를 주는 식이다. 반면 '질 평가' 집단의 학생들은 'A'

를 받을 수 있는 완벽한 하나의 작품만을 제출해야만 했다.

드디어 평가시간이 되었다. 그런데 이상한 일이 생겼다. 가장 훌륭한 작품들은 모두 양으로 평가받은 집단에서 나왔다는 사실이다. '양' 집단이 부지런히 작품들을 쌓아나가면서, 실수로부터 배워나가는 동안, '질' 집단은 가만히 앉아 어떻게 하면 완벽한 작품을 만들까 하는 궁리만 하다가 종국에는 방대한 이론들과 점토더미 말고는 내보일 게 아무 것도 없게 되고 만 것이다. 훌륭한 작품을 완벽한 작품과 같은 것으로 생각하면 큰 오산이다.

《예술가여, 무엇이 두려운가(Art and Fear)》에 나오는 이야기다. 많은 사람들이 양을 늘리면 질이 떨어질 것이라는 선입견을 갖는다. 하지만 이 이야기는 현실은 그 반대로 나타남을 극명하게 보여준다. 양이 많아야 질 높은 작품이 나온다는 것이다. 많은 실패를 거쳐야 완벽한 작품이 나오는 법이다.

'천공의 성 라퓨타', '원령공주', '센과 치히로의 행방불명', '하울의 움직이는 성', '바람계곡의 나우시카' 등의 애니메이션 영화에서 훌륭한 음악을 만든 사람은 일본의 대표적인 대중음악가 히사이시 조다. 그는 2005년 '웰컴 투 동막골'로 외국인으로서는 최초로 대한민국영화대상 음악상을 수상하기도 했다. 그는 《감동을 만들 수 있습니까》라는 제목으로 출간한 책에서, 좋은 작품을 만드는데 있어 '양'의 중요성을 다음과 같이 강조한다.

작곡을 하기 위해서는 논리적 사고와 감각적 직감이 모두 필요하다. 논리적 사고의 근간이 되는 것은 내 안에 있는 지식이나 체험 등의 축적이다. 무엇을 배우고 무엇을 체험해서 내 피와 살을 만들었는가 하는 것이 논리성의 밑

바탕에 깔려 있다. 사실 감성의 95퍼센트는 논리성이 아닐까? (중략)

창조력에서 가장 중요한 것은 얼마나 많이 보고, 듣고, 읽었느냐이다. 창조력의 원천이 감성이라는 것은 누구나 알고 있다. 그리고 감성의 토대는 지식과 경험의 축적이다. 축적의 절대량을 늘리면 그 사람의 수용 능력은 저절로 넓어질 수밖에 없을 것이다. (중략) 감성을 연마하기 위해서는 사방팔방 안테나를 세운 뒤 많이 보고, 많이 듣고, 많이 읽어야 한다. 또 직접 가고, 직접 경험하고, 직접 느껴야 한다. 그렇게 해서 자기 내부에 있는 지식과 경험의 양을 최대한 늘려야 한다.

감성을 연마한다는 것은 결국 직감을 단련하는 것이고 직감을 위해서는 경험의 축적이 필요하다. 얼마나 많이 보고, 많이 듣고, 많이 읽었느냐가 관건이다. 지식과 경험이 가장 중요하다는 것이다. 단순히 오래 했다고 최고가 되는 것은 아니다.

결과를 기대하지 않고 한다

어떤 결과를 기대하는 생각 자체도 내려놓고 지금 하는 일에 최선을 다하는 것, 결과에 연연하지 않는 것, 그것이 최고의 결과를 가져온다. 변호사가 재판 중에 이번 재판으로 얼마를 벌게 될지 따져보거나, 의사가 수술 중에 이번 수술로 인센티브를 받게 될지 고민해본다고 생각해보라. 그런 변호사나 의사에게 자신의 법적인 대리와 건강을 맡기고 싶지 않을 것이다. 일 자체가 좋아서, 그 일 자체에 매력을 느껴서 할 때 비로소 최고의 결과가 따라온다. 일종의 무심의 경지다. 《뼛속까지 내려가서 써라》의 나탈리 골드버그는 그녀의 정신적인 스승인 가타기리 선사에게서 들은 충고를 다음과 같이 전한다.

"만약 출판사에서 당신 책을 출판하겠다고 하면 아주 잘된 일이지만, 그 일에 너무 신경쓰지 마십시오. 당신에게는 그냥 지나가는 일입니다. 그냥 계속 글을 쓰는 데만 정진하십시오."

그냥 글 쓰는 일에만 집중하라는 것이다. 좋은 결과는 부차적인 것이라는 말이다. 결과를 기대하지 말고 하라는 것이다.

몰입연구의 권위자인 미하이 칙센트미하이 교수가 말한 자기목적성을 가진다는 말도 위와 같은 의미일 것이다. 결과를 기대하지 않고 그것이 좋아서 하는 것이다. 그 일을 하는 것 자체가 좋아서 하는 것이다. 가령 그저 놀이 자체가 좋아서 두는 체스는 자기 목적적 경험이 되겠지만 돈을 걸고 체스를 두거나 순위에 오르기 위해 체스를 둔다면 똑같이 두는 체스라도 자기 외부의 목적을 실현하려는 행위가 되어 외재적 목적성을 강하게 띨 수밖에 없다는 것이다.

자기목적성이 있는 사람은 원하는 일을 하는 것 자체가 이미 보상이 되기에 물질적 수혜라든가 재미, 쾌감, 권력, 명예 같은 별도의 보상이 중요하지 않다. 따라서 이런 사람은 자율적이고 독립적이면서도 자기를 둘러싼 모든 것에 관여한다. 삶의 흐름에 깊숙이 빠져들 줄 안다는 말이다.

다작왕 시인

피안감성(彼岸感性) (청우, 1960)

해변의 운문집 (신구문화사, 1966)

신, 언어 최후의 마을 (민음사, 1967)

사형, 그리고 니르바나 (청하 1969, 1988)

세노야, 세노야 (신진문화사, 1970)

문의 마을에 가서 (민음사, 1974)

입산(入山) (민음사, 1977)

대륙 (청하, 1977, 1988)

새벽길 (창작과비평사, 1978)

조국의 별 (창작과비평사, 1984)

전원시편 (민음사, 1986)

시여, 날아가라 (실천문학사, 1986)

가야 할 사람 (민음사, 1986)

만인보 1권 / 2권 (창작과비평사, 1986)

백두산 1권 / 2권 (창작과비평사, 1987)

만인보 3권 / 4권 / 5권 (창작과비평사, 1987)

네 눈동자 (창작과비평사, 1988)

나의 저녁 (한국문학사, 1988)

만인보 6권 (창작과비평사, 1988)

그날의 대행진 (전예원, 1988)

만인보 7권 / 8권 / 9권 (창작과비평사, 1989)

아침 이슬 (동아출판사, 1990)

천년의 울음이여 사랑이여: 백두산 서정시편 (한샘사, 1990)

눈물을 위하여 (풀빛, 1990)

해금강 (한길사, 1991)

선시, 뭐냐 (청하, 1991)

백두산 3권 / 4권 (창작과비평사, 1991)

거리의 노래 (한국문학사, 1991)

내일의 노래 (창작과비평사, 1992)

아직 가지 않은 길 (현대문학사, 1993)

몸의 노래 (프랑스 시인 알랭 주프르와 공저, 동아출판사, 1994)

백두산 5권 / 6권 / 7권 (창작과비평사, 1994)

독도 (창작과비평사, 1995)

만인보 10권 / 11권 / 12권 (창작과비평사, 1996)

어느 기념비 (민음사, 1997)

만인보 13권 / 14권 / 15권 (창작과비평사, 1997)

속삭임 (실천문학사, 1998)

머나 먼 길 (문학사상사. 1999)

남과 북 (창작과비평사, 2000)

히말라야 시편 (민음사, 2000)

순간의 꽃 (문학동네, 2001)

두고 온 시 (창작과비평사, 2002)

늦은 노래 (민음사, 2002)

젊은 그들 (김영사, 2002)

만인보 16권 / 17권 / 18권 / 19권 / 20권 (창비사, 2004)

만인보 21권 / 22권 / 23권 (창비사, 2006)

부끄러움 가득 (시학사, 2006)

만인보 24권 / 25권 / 26권 (창비사, 2007)

허공 (창비사, 2008)

만인보 27권/ 28권/ 29권/ 30권 (창비사, 2010)

내 변방은 어디 갔나 (창비사, 2011)

상화시편: 행성의 사랑 (창비사, 2011)

무제시편 (창비, 2013)

1960년 이래 출간된 고은 시인의 시집 목록이다. 그는 1986년 부터 2010년까지 30여년에 걸쳐 총 30권으로 발간된 연작시《만인보 (萬人譜)》를 비롯해 80여 편에 이르는 시집을 남겼다. 그 외에도 시선 집 5편, 소설 15편, 평론·연구서 7편, 산문집 34편, 여행서 10편, 전기 (傳記) 3편, 자서전 3편, 번역 4편, 편집 7편 등 실로 한 개인의 성과라 고 믿기 어려울 정도로 방대한 분량의 저술을 해왔다.

그동안 그가 내놓은 200여 편에 이르는 방대한 저술 작품 가운 데 대중에게 널리 알려진 작품들은 극소수에 불과하다. 그의 수많은 작품 가운데 대중에게 알려진 것들은 위에 언급한《만인보》의 주요 시를 비롯해 수십 편 정도다. 고은 시인이 특별한 경우가 아니다. 다 른 시인들도 상황은 거의 비슷하다. 적게는 수백 편에서 많게는 수천 편의 시를 쓰지만, 일반 대중에게 잘 알려진 소위 '히트'하는 시는 손 가락에 꼽을 정도다.

그렇다고 사전에 어떤 시가 '히트'할지 예상하고 사람들이 관심 가질 만한 시를 쓰는 것이 가능할까. 여러 날 공을 들이고 노력한 시 는 관심을 받지 못하고 순식간에 쉽게 써내려간 그래서 예상치 못했 던 시가 큰 관심을 받는 경우도 허다하다. 그렇게 보면 시인이야 말로 다작의 왕이다. 수백 편 또는 수천 편의 시를 쓰지만, 사람들에게 알 려지는 시는 고작 몇 편, 몇십 편 정도다. 시인이야말로 양으로 승부하는 대표적인 직업인 것이다. 395개 논문을 쓴 아인슈타인의 논문 중 후대에까지 인용되는 저명한 논문은 몇 편 안되는 현상과 같다. 하지만 그렇게 다작을 해야 성공작이 나오는 법이다.

추리소설의 트릭은 1,000가지가 넘는다

바스커빌 가문은 대대로 어두워지면 황야에 나가서는 안 된다는 저주를 안고 살아가는 집안이다. 그러나 일찍부터 외국에 나가 살던 헨리는 그 모든 것이 미신이라고 믿고 있었다. 그러던 어느 날 큰아버지인 찰스 경이 한밤중에 황야에서 끔찍한 죽음을 당하자, 바스커빌 가문의 막대한 유산의 상속자로 헨리가 지목이 되며 바스커빌 저택으로 돌아오게 되고 헨리의 주변에서는 알 수 없는 꺼림칙한 일들이 벌어지면서 헨리도 가문에 내려오는 저주에 대한 불안감에 휩싸이게 된다.

찰스 경의 사건을 조사하기 위해 먼저 왓슨이 바스커빌 저택으로 들어와 헨리의 주변에서 일어나는 하루하루 일들을 홈즈에게 편지로 전달해준다. (중략) 곤충학자 스테플턴이 헨리 바스커빌을 살해하고 자신이 재산을 물려받기 위해서 엄청나게 큰 사냥개의 눈에 인을 발라서 불꽃이 나는 것처럼 꾸며 헨리를 죽이려 하지만 홈즈가 그 사실을 미리 알고 왓슨과 레스트레이드 경감의 도움을 받아 총으로 그 개를 사살한다. 헨리는 무사했고, 홈즈는 스테플턴네 집으로 들어가 스테플턴의 음모를 파악하고 협조를 거부하다가 갇힌 그의 부인을 구한다. 그리고 홈즈 일행은 스테플턴의 비밀 장소로 가서 스테플턴이 큰 개를 키운 흔적을 발견한다. 그리고 스테플턴은 자기 은신처로 달아나다가 안개가 너무 짙어서 늪지대에 빠져 죽는다.

코넌 도일이 쓴 《바스커빌 가문의 개》의 주요 내용이다. 이 추리소설은 여러 가지의 트릭, 즉 책략과 함정, 속임수를 곳곳에 배치해 읽는 독자로 하여금 매번 허를 찌르게 만들고 마지막까지 결과를 예측하지 못하게 한다. 대부분의 추리소설이 그러하겠지만, 추리소설의 재미를 창출하는 핵심 요소는 트릭이다. 매번 범인이 의외의 인물로 밝혀져 독자의 추리력은 항상 패배한다. 따라서 마지막 스토리의 대반전에 무릎을 치고 감탄한다.

이 트릭은 만들기 쉽지 않다. 우리들은 뛰어난 추리 소설을 읽다 보면 작가들이 어떻게 예상 밖의 트릭을 만들어내는지 놀라는 경우가 많다. 추리소설 작가가 경찰관이 되었더라면 못 잡는 범인이 없을 것이란 말을 하기도 한다. 사실 추리 작가들이 가장 어렵게 생각하는 것도 트릭이다. 독자로 하여금 감탄을 불러일으키게 하고 진정한 재미를 주기 위해서는 그동안 나왔던 다른 추리소설에서 사용된 것과는 다른 새로운 트릭이 나와야 한다. 누군가가 한번 써먹은 트릭은 독자로 하여금 식상한 반응을 불러일으키기 쉽고 심하면 표절로 문제될 수도 있다.

하지만 기묘한 트릭으로 한껏 재미를 부풀리는 기법도 알고 보면 수학처럼 일종의 공식이 있다. 추리소설의 트릭은 이미 수백 가지나 되기 때문에 곧 트릭이 고갈될 거라는 주장이 지배적이었다. 그러나 일본 추리소설의 아버지라고도 불리는 에도가와 란포(본명은 히라이 타로)는 그때까지 나왔던 2천 권의 추리 소설을 분석해서 '추리소설의 트릭은 802가지가 개발되어 있다'는 이론을 발표해 큰 주목을 받았다. 그것도 벌써 한참 전의 얘기니 지금은 1,000가지가 넘는 기법이 나왔을 것이다.

이처럼 일반인으로서는 상상할 수도 없는 1,000가지가 넘는 다양한 추리기법을 만들기 위해 추리소설 작가들은 밤낮없이 그것만을 고민했을 것이다. 그들이 1,000가지가 넘는 추리 트릭을 개발하고 이를 적용하기 위해 애쓰면서 다른 일들을 한다는 것은 불가능한 일이었을 것이다. 1000가지 넘는 추리소설의 엄청난 트릭들이, 추리소설을 대중으로부터 손을 놓지 못하게 만드는 주된 이유일 것이다.

한국 선수들이 LPGA를 휩쓴 이유

2015년, 세계여자프로골프리그 LPGA투어는 한국 여자 선수들에 의한, 한국 여자 선수들을 위한 무대였다고 해도 과언이 아니다. 2015년 31개 시즌대회 가운데 한국 국적의 선수가 우승한 대회가 15개에 이른다. 전체 대회의 절반에 가까운 48퍼센트의 경기 우승을 한국선수들이 차지한 것이다. 여기에 한국계 선수(뉴질랜드 교포 리디아 고와 호주 교포 이민지)의 6회 우승을 포함하면 21승으로 범 한국 선수들의 우승 점유율이 무려 67.7퍼센트에 이른다. LPGA투어 사상 미국을 제외한 특정 국가의 선수들이 이렇게 우승을 휩쓴 경우는 일찍이 없었다.

그런데 이러한 결과는 전혀 예상할 수 없는 것이 아니었다. 2015년 기준, 전체 LPGA에 등록된 정회원은 292명이다. 이 중 한국 선수가 56명이다. 전체 등록된 선수들이 나이를 망라한 것이라, 젊은 선수들 중심으로 구성된 한국 여자 선수들의 승산이 높을 수밖에 없는 것은 당연한 현상이었다.

세계랭킹을 따져봐도 한국선수들의 드높은 위상이 그대로 드러
난다. 세계랭킹을 기준으로 한국은 10위권 내에 무려 5명이 포진되어
있다. 수 개월째 연속 1위를 지키는 박인비를 비롯해 유소연(5위), 김
효주(7위), 양희영(9위), 김세영(10위)이 그들이다. 30위권으로 범위를
넓혀도 여전히 14명으로 절반에 가까운 선수들이 '한국선수'고, 100
위권 내에도 37명이다. 한국을 제외한 어떤 나라도 엄두를 내지 못하
는 기록이다.

LPGA에서 한국선수가 두각을 나타낸 것은 이미 오래된 얘기
다. 1998년에 박세리 선수가 US여자오픈대회에서 우승을 했다. 그런
데 LPGA에서 한국 선수가 우승한 경우가 그것이 처음은 아니었다.
1988년에 구옥희 선수가 스탠더드레지스터대회에서 우승한 일이 있
었다. 그렇지만 1988년의 기록은 1회 우승하는 것으로 그치고 말았
다. 그 대회 이후로 다른 우승 소식이 없었던 것이다.

그런데 1998년 박세리 선수의 우승은 얘기가 달랐다. 박세리 선
수가 혼자서만 4승을 거둔 것이다. 여기까지만 해도 박세리라는 개인
이 혼자 거둔 성적이니 한국 여자 골프 전반의 실력향상이라기보다
개인의 큰 성취라고 하는 것이 적당한 표현이었을 것이다. 피겨의 불
모지인 한국에서 세계적인 피겨스케이팅 선수가 된 김연아 선수처럼
말이다. 하지만 그 다음해인 1999년에도 한국선수가 6승(박세리 4승,
김미현 2승)을 거두었고, 2000년에도 2승(김미현, 박지은 각 1승), 2001
년에도 6승(박세리 4승, 박지은 1승, 박희정 1승)을 거두었다. 우승이 꾸
준히 이어지고 선수도 다변화된 것이다. 이 정도 되면 이것은 일시적
인 현상이 아니다.

옆의 표는 LPGA에 등록된 한국선수들의 수와 우승 횟수를 보

여주고 있다. 표에서 볼 수 있듯이 1998년 LPGA에 등록된 한국선수는 박세리 단 한명이었지만 이후 지속적으로 급격히 증가하고 있음을 알 수 있다.

2015년에는 56명의 선수가 등록되어 활동하고 있다. 1998년 이후 우승 횟수가 꾸준히 비례해서 증가하고 있는 것을 볼 수 있는데, 이는 선수의 수가 많아짐에 따른 자연스러운 현상이다. 선수의 수가 많아 지다보니 우승이라는 질적인 변화가 뒤따라온 것이다.

연도	LPGA에 등록된 한국선수 수	우승횟수
1998	1	4
1999	2	6
2000	5	2
2001	5	6
2002	8	9
2003	12	7
2004	16	4
2005	24	7
2006	25	7
2007	33	4
2008	*	9
2009	*	11
2010	44	9
2011	*	3
2012	42	8
2013	*	10
2014	*	10
2015	56	15

LPGA에 등록된 한국선수 수와 우승 횟수
(*는 미확인)

카지노는 어떻게 돈을 벌까?

호주머니에 늘 몇 개씩 짤랑거리는 동전. 그 동전을 가지고 던지기를 하면 10번 던질 때 앞면이 5번, 뒷면이 5번 딱딱 떨어지게 나오지 않는다. 시행횟수가 10번 정도로 적으면 앞면이 7번, 뒷면이 3

번 나올 수도 있다. 하지만 동전을 반복해서 던지면 던지는 횟수가 많아질수록 앞면과 뒷면이 나오는 확률은 거의 같아진다. 표본의 관측 대상 수가 많아질수록 통계적 추정치가 정확해진다는 것이다. 이것이 바로 '대수의 법칙(Law of Large Numbers)'이다.

대수의 법칙으로 돈을 버는 대표적인 산업이 카지노다. 대표적인 카지노 게임인 룰렛은 원래 프랑스어로 '작은 바퀴'를 뜻한다. 룰렛게임은 1에서 36까지 적힌 보드에 칩을 걸고, 그 반대 방향으로 구슬을 굴리는 방식으로 진행되며, 구슬이 그 베팅한 번호와 일치한다면 베팅한 돈의 36배를 받는 게임이다. 특정 숫자가 아니더라도 빨강과 검정 또는 짝수와 홀수 중 하나에 걸 수 있는데, 예를 들어 검정에 걸었는데 구슬이 검정에 표시된 숫자 칸에서 멈춘다면 베팅한 돈의 두 배를 받게 되고 구슬이 빨강색이 표시된 숫자 칸에 멈추게 되면 잃게 된다. 즉 50퍼센트의 확률인 셈이다.

그런데 룰렛에는 0과 00이라는 숫자 칸이 있다. 이 칸이 카지노 측이 수익을 챙겨가는 비밀이다. 짝수나 홀수, 검은색이나 빨간색 어디에도 속하지 않는 0과 00 중 하나라도 구슬이 들어가면 그 숫자에 칩을 건 사람은 36배로 돌려받지만 나머지 칩은 카지노 측이 가져가는 것이다. 적은 베팅 수로는 수익이 미미하겠지만 365일 밤낮없이 손님이 찾아와 룰렛을 돌리면, 즉 베팅 수가 엄청나게 늘어날수록 카지노 측은 작은 승률로도 큰돈을 벌게 되는 것이다. 다른 카지노 게임도 기본적인 원리는 거의 동일하다. 대수의 법칙에 의해 카지노 측이 돈을 벌 수밖에 없도록 고안되어 있는 것이다.

스포츠에서 우리는 '선수층이 두텁다'라는 말을 자주 접한다. 선수층이 두텁다는 말은 그만큼 높은 순위에 오를 가능성이 높다는 얘기다. LPGA에 진출한 한국 선수들의 이야기처럼 말이다. 이는 역으로 보자면 척박한 환경과 적은 선수층에서 우승을 한다는 것이 '예외적인' 경우에 해당한다. 우리들은 일반적으로 이런 '예외적인' 경우를 기대하지만, 그건 말 그대로 예외적인 경우다. 드물게 일어나는 현상이다. 따라서 척박한 환경과 '적은 선수층'에서 예외적인 것을 계속 기대할 수는 없는 법이다.

국적	선수(수)
러시아	9
일본	6
미국	6
캐나다	3
한국	1
이탈리아	1
카자흐스탄	1
라트비아	1
슬로바키아	1
스웨덴	1

세계피겨스케이팅(여자)
30위 국가별 선수 수

피겨 스케이팅의 김연아도 그런 '예외적인' 경우에 해당한다. 김연아는 한국이 전통적인 피겨스케이팅 강국이 아님에도 홀로 세계 대회를 수년간 석권하는 저력을 보여 왔다. 타고난 재능과 절대 연습량이 타인들을 능가한 것이다. 그래서 그녀의 놀라운 성적은 매우 예외적인 경우다.

2015년 말 기준, 세계 여자피겨선수 가운데 30위까지의 순위에 오른 선수들을 국적을 기준으로 선수들을 파악했더니 한국은 30위 가운데 단 한 명의 선수가 들어 있을 뿐이다(위의 표 참조). 한국의 선수의 수라는 '양'이 다른 러시아, 일본, 미국에 비해 절대적으로 부족한 것이다.

그것이 국가적인 차원이었든 조직적인 차원이든 아니면 개인적인 차원의 지지와 후원의 부족이었든간에 앞서 언급한 LPGA에 등록된 한국 여자 골프선수와 현격하게 비교되는 데이터가 아닐 수 없다. 박세리 이후 여자 골프는 승승장구했지만, 김연아 이후 한국 피겨스케이팅은 반대의 현상을 보이고 있다. 30위권 안에는 한 명이 있지만 다른 세계적인 선수들과는 점수기록상 격차가 크게 난다. 한국 여자 피겨스케이팅 선수층이 너무 얇은 것이다.

불모지에서 김연아와 같은 한 번의 기적은 가능했을지 모르지만 또 다른 기적을 기대하는 것은 무리다. 한국 여자 피겨스케이팅이 김연아와 같은 세계적인 선수들을 또 다시 만나고 싶다면 많은 선수들을 배출하고 키우는 수밖에 없다.

80대 20법칙의 허구

많은 양을 축적해야 질을 보장한다는 양질전환의 법칙 또는 동등확률규칙을 볼 때, 과거 80대 20법칙이 자연스럽게 연상된다. 80퍼센트의 성과를 가져오는 20퍼센트에 집중하자는 것이다. 80대 20 법칙은 이탈리아의 경제학자 빌프레도 파레토가 19세기 영국의 부와 소득의 유형을 연구하다 처음 발견한 것이다. 전 인구의 20퍼센트가 전체 부의 80퍼센트를 차지하고 있다는 불균형 현상을 수치로 밝혀냈다. 그런데 어떤 시대, 어떤 나라를 분석해봐도 이러한 부의 불균형 비율은 유사하게 존재한다.

20퍼센트의 조직원이 그 조직의 80퍼센트 일을 수행하고, 20퍼센트의 운전자가 전체 교통위반의 80퍼센트 정도를 차지하며, 전체 상품 중 20퍼센트의 상품이 80퍼센트의 매출을 차지할 뿐 아니라 전체 고객의 20퍼센트가 전체 매출액의 80퍼센트를 기여하고 있다.

이것은 사회현상을 설명하는 적절한 이론임에는 틀림없다. 하지만 이것은 적용을 할 때 많은 문제를 야기한다. 특히 사람과 관련된 부분이 그렇다. 이 이론에 따르면 80퍼센트의 성과를 창출하는 이가 20퍼센트의 핵심인재이고, 나머지 80퍼센트는 20퍼센트만 기여한다는 것이다. 그래서 이를 숭배하는 이들은 이 이론을 기계적으로 적용해 20퍼센트의 성과를 내는 80퍼센트의 인력을 재배치하고 또 그 가운데 적지 않은 인력을 구조조정이라는 이름으로 해고하기도 한다. 이 이론은 좋은 점만 부각되었지 단점은 지나치게 간과하고 있다. 이러한 적용은 몇 가지 지점에서 문제를 야기한다.

첫째, 시간이나 사물에 대해서는 80대 20법칙 처방이 어느 정도 타당할 수는 있어도 사람에 대해 적용하는 것은 어려운 일이다. 시간이나 물질이 아닌 사람이기 때문이다. 그리고 사람과 관련된 현상이 명확하게 드러난 경우라면 부의 80대 20 편중과 같은 문제를 완화시키는 데 적용시켜야 할 것이다.

둘째, 이러한 판단의 기저에는 80퍼센트의 결과를 만들어내는 것을 정확히 분별해낼 수 있다는 것을 전제로 한다. 사안에 따라서는 그것이 가능한 분야도 분명 있지만 그렇지 않은 지점들이 더 많다. 즉, 80퍼센트의 성과를 가져오는 것이 무엇일 될지 예측할 수 없다는 것이다. 곧 개봉할 영화가 천만 관객이 드는 영화가 될지 십만 관객이 드는 영화가 될지 예측하는 것은 불가능하다. 때로는 엄청난 투자비와 대대적인 물량공세, 지명도 높은 영화배우가 등장함에도 흥행에 참패하는 경우가 흔하다. 반대로 수억도 안 되는 소액으로 제작된 독립영화가 수백만 명 이상의 관객을 모으는 경우도 있다.

효율적 시장가설의 숭배자들은 2008년과 같은 미국발 금융위기와 같은, 1930년대 대공황에 버금가는 충격적인 상황을 예측하지 못했다. 80퍼센트의 성과나 이익을 가져오는 결과를 '사전에' 예측하는 것은 불가능하다. 앞서 사이먼튼의 '동등확률규칙'에 따르면 '성과'를 내는 방법은 부지런히 다작하는 것이다. 많은 양의 누적이 질적인 변화를 가져온다는 것을 우리는 이미 다양한 사례를 통해 살펴보고 있다.

일반 가정에서 일상적으로 자주 사용하는 그릇은 얼마나 될까? 여기에도 80대 20법칙의 적용된다. 일상적으로 자주 사용하는 그릇은 전체 그릇 중에서 20퍼센트 남짓 정도이며 나머지 80퍼센트의 그릇들은 주방의 이곳저곳에 보관되어 있을 뿐 거의 사용되지 않는다. 그런데 그 그릇들이 일상적으로 잘 안 쓴다고 해서 불필요한 것은 아니다. 손님맞이 집들이를 하거나, 명절에 일가친척들을 맞이할 때 등 요긴하게 사용한다. 안 쓰는 것이 아니라 필요와 용도가 다른 것이다. 현상은 80대 20법칙이 맞다. 문제는 진단이다. 80대 20법칙을 잘못 적용하면 문제가 발생하는 것이다.

마찬가지로 80퍼센트의 대부분의 성과와 평판을 가져오는 논문을 위해 20퍼센트에만 신경 쓰는 것이 맞을까? 그런 정도의 선견지명이 있다면 모를까. 그렇지 않다면 최대한 많은 결과물을 만들어내기 위한 양의 축적에 힘을 쏟는 것만이 방법이다. 그것이 '동등확률규칙'과 '80대 20법칙'의 결정적인 차이다.

환경이
천재를
만드는
과정

4

"나에게 12명의 아이와
그들을 양육할 수 있는 특별한
환경을 제공해준다면
그중 아무나 한 명을 선택해
내가 원하는 전문가로 키울 수
있음을 보증한다. 의사, 변호사,
예술가, 사업가, 주방장 심지어
거지와 도둑으로도 키울 수 있다.
그 아이의 재능, 성품, 취향, 능력,
언어, 인종과는 아무런 상관이
없다."

존 왓슨, 20세기 초 미국 심리학자

현대판 레오나르도 다 빈치로도 불리는 토드 사일러는 미국의 멀티미디어 예술가이며 저자, 교육자이자 발명가다. 그는 저서 《천재처럼 생각하기》에서 천재성을 세 가지로 설명하고 있다.

1. 천재는 보통 사람들이 놓치기 쉬운 것을 볼 수 있는 능력이 있다.
2. 천재는 직관력을 통해 모퉁이 너머를 내다볼 수 있다.
3. 천재들은 새로운 것을 이해하는 속도가 보통 사람보다 훨씬 빠르다.

1번 특징은 그 분야에 대한 끊임없는 노력과 집요한 관찰력을 가지고 있으면 획득할 수 있다. 누구에게나 일어나는 사건은 아니지만 불가능한 것은 아니다. '우연한 발명'이라고 말하는 역사적인 사건들도 우연을 위장한 깊은 관찰과 수년간의 오랜 연구에서 비롯된 혜안인 경우가 대부분이다. 우연한 것은 없다는 것이다. 2번 특징은 직관력이 우연히 발생하는 '순간적인 번뜩임'이 아니라 오랜 기간의 경험과 지식에서 쌓인 통찰력이다. 3번 특징은 법칙의 기본 원리 중의 하나인 '아는 만큼 보인다'의 다른 설명이다. 아는 만큼 보이는 것이 누적되어 가속을 얻게 되면 어느 순간부터는 빠른 속도로 의사결정을 하고 빠른 속도로 판단력을 확보하게 된다.

즉, 소위 '천재성'이라 불리는 것은 평범한 사람들도 학습하고 연습하면 획득할 수 있다는 것이다. 이 장에서는 그동안 우리가 천재들 또는 천재들의 영역이라고 알고 있었던 것들에 대해 고찰해봄으로써 천재성이라는 것이 모든 사람들에게 내재해 있는 기본적인 특징이고 개발과 훈련을 통해 획득될 수 있음을 설명할 것이다. 심지어는 우리가 천재라고 알고 있었던 이들조차 사실은 타고난 천재라기보다는 개발된 천재라는 사실을 알게될 것이다.

꼬마 앨버트 실험

천부적인 재능이 없다고 비관할 필요는 없다. 재능이 없다고 생각한
다면 그것을 습득하면 된다.
| 프리드리히 니체 |

20세기 초 미국 심리학자인 존 왓슨은 생후 9개월 된 아이를 대
상으로 유명한 실험을 실시했다. 이 아이의 본래 이름은 알려져 있지
않지만 왓슨에 의해 '꼬마 앨버트'라고 명명되었다. 왓슨은 처음 실험
에서 이 아이를 방에 놓아두고 그 방에 흰 쥐, 흰 토끼, 원숭이, 개, 사
람 가면, 불탄 종이 등 다양한 것들을 함께 넣어 두었다. 꼬마 앨버트
는 이때까지만 해도 흰 쥐를 비롯한 동물과 다른 물건들을 두려움 없
이 만져보려 하면서 호기심을 보였다.

두 달 후 왓슨은 11개월이 된 앨버트에게 다시 흰 쥐와 놀게 했
다. 하지만 이번에는 앨버트가 흰 쥐에 접근할 때 등 뒤에서 쇠막대기
를 두드려 잔뜩 겁을 주었다. 그리고 이러한 행동을 여러 번에 걸쳐
반복했다. 흰 쥐에게 접근하려고만 하면 무서운 소리가 반복적으로
들리자 이제 앨버트는 흰 쥐만 보아도 울면서 공포감을 드러내게 된
다. 그런데 여기서 그치지 않고 꼬마 앨버트는 복슬한 개, 흰 토끼, 심
지어는 흰 수염을 단 산타클로스 등 털이 달린 것들을 보고도 무서워
하게 되었다. 아이가 9개월이 되던 때에 처음 실시했던 실험은 아이
의 기본적 성향을 파악하기 위한 실험이었고, 11개월에는 이 기본정

보를 바탕으로 아기에게 없었던 공포를 '만들어낸' 것이다.

왓슨은 '꼬마 앨버트' 실험을 통해 인간의 감정이 학습이 가능하고, 인간의 행동은 특정한 자극과 조건만 주어진다면 언제든지 통제하고 변화시킬 수 있다고 주장했다. 이 실험은 왓슨을 행동주의 심리학의 아버지로 만든 유명한 실험이 되었다. 그는 이처럼 인간의 모든 행동은 학습될 수 있고 학습된 결과라고 주장하는 환경결정론을 지지하면서, 태어날 때부터 유전자에 의해 모든 것이 결정된다는 유전자결정론을 전혀 인정하지 않았다.

"나에게 12명의 건강한 아이를 준다면 그들을 자신이 원하는 대로 의사든, 변호사든, 도둑이든, 거지든 만들 수 있다"고 왓슨이 자신감을 보인 것은 아동의 발달이 조건형성에 의해 이루어진다는 환경결정론을 믿었기 때문이었다.

환경이 IQ를 높인다

많은 사람들은 지능이 상당 부분 유전되며 사회계층까지 결정한다고 말한다. 똑똑한 사람은 부모로부터 좋은 유전자를 물려받고 더 높은 계층으로 올라갈 운명을 타고난 반면, 똑똑하지 않은 사람은 나쁜 유전자를 갖고 있어서 하위계층으로 떨어질 운명을 타고났다고 생각하는 것이다. 그런데 각종 연구는 이러한 사람들의 생각이 편견임을 밝혀내고 있다.

지난 수십 년 사이 IQ점수 결과는 놀라울 정도로 변화해왔다. 뉴질랜드의 정치학자 제임스 플린의 이름을 딴 '플린 효과'에 의하면 세대

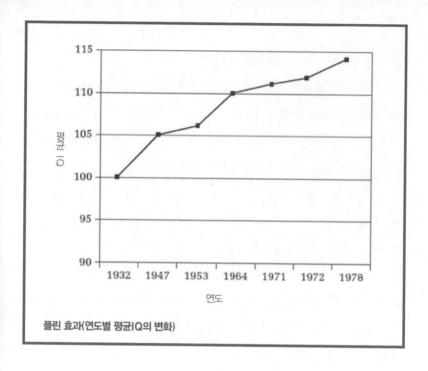

플린 효과(연도별 평균IQ의 변화)

가 반복될수록 지능검사 점수가 높아지는 결과를 확인할 수 있다.

　플린은 미국 군입대 지원자들의 IQ 검사결과를 분석해 신병들의 평균 IQ가 10년마다 약 3점씩 올라간다는 사실을 발견했으며, 1987년 14개국으로 대상을 확대 실시한 조사에서도 비슷한 결과를 얻었다. 벨기에, 네덜란드, 이스라엘에서는 한 세대, 즉 30년 만에 평균 IQ가 20점이 올랐고, 13개국 이상의 개발도상국에서도 5~25점이 증가했다는 보고서가 발표되었다. 미국에서 나온 자료에 의하면 미국의 경우만 보더라도 1947년부터 2002년까지의 기간 동안 평균 18점 이상이 향상되었고, 지난 100년간 거의 30점 정도 향상되었다. 이러한 결과는 지난 수십 년 사이에 식생활이라는 사회 환경의 변화로 인해 현대인의 평균 키가 급격히 커진 것처럼, 유전이 아닌 환경적 변화에 기인한다. 인간의 유전자가 그 짧은 기간 동안에 바뀌었을 가능성은 거의 없기 때문이다.

수십 년 사이에 사람들의 IQ가 급격하게 향상된 원인에 대해 미시간대 심리학자인 리처드 니스벳 교수는 학교 교육과 사회 문화가 IQ검사 점수를 향상시키는 방향으로 변해왔기 때문이라며 이렇게 말한다.

"과거에 비해 현재의 부모와 학교는 아이들에게 사물과 사건을 분류학적 기준에 따라 과학적 분석에 적합한 방식으로 범주화하는 방법을 더 많이 가르쳐준다. 미디어는 세상이 돌아가는 방식, 왜 경찰이 유니폼을 입고, 왜 주소에 번호가 매겨지고, 왜 사람들이 세금을 내는지를 가르쳐준다. 이러한 변화는 이해력 검사 점수를 향상시킨다. 레이븐 검사[6] 수행의 향상과 여기서 측정되는 유동지능향상의 일부 원인은 최근 몇십 년간 산술 교육에서 기하학적이고 분석적인 방법을 이용하는 교육이 증가했다는 사실과 컴퓨터 게임의 성행에서 찾을 수 있다."[7]

또한 니스벳의 연구에 의하면 '사회계층'을 결정하는 데 있어서 유전이 담당하는 역할은 매우 적다고 말한다. 그의 조사에 의하면 SES(사회경제적 지위, Socioeconomic status)의 하위 3분의 1에 해당하는 아이들과 상위 3분의 1에 해당하는 아이들 간의 평균 IQ차이는 10점이다. 그런데 중요한 것은 SES 하위 6분의 1에 해당하는 가정에서 태어난 아이가 상위 4분의 1에 해당하는 가정에서 양육될 때 IQ가 12~18점 더 높아진다는 것이다. 이 연구결과는 환경에 의해 IQ가 높아질 수도 낮아질 수도 있음을 보여준다. 이처럼 사회계층의 상위 3분의 1에 해당하는 아이들과 하위 3분의 1에 해당하는 아이들 간의

IQ 10점 차이도 대부분 '환경'에서 비롯된다는 것이다.

캔자스대학교 심리학자인 베티 하트와 토드 리즐리는 부모들의 언어 사용 습관을 집중적으로 연구했다. 그들은 백인 전문직 종사자, 노동계층의 흑인과 백인 등을 대상으로 그들의 가정을 방문하여 오랜 시간 부모와 자녀를 관찰했다. 그 결과 전문직 부모는 아이들에게 시간당 2,000단어를 말하지만 노동계층 부모는 약 1,300단어를 말하는 것으로 나타났다. 그래서 세 살이 되면 전문직 가정의 아이는 약 3,000만 단어를 듣고, 노동계층 가정의 아이는 약 2,000만 단어를 듣게 된다는 것이다. 결국 세 살이 되었을 때 전문직 가정의 아이들은 노동계층 가정 아이들보다 50퍼센트 더 많은 어휘를 구사할 수 있게 되는 셈이다.

부모가 자녀를 정서적으로 대하는 방식에도 차이가 난다고 이들은 같은 연구에서 밝힌다. 전문직 부모는 칭찬과 꾸중의 비율이 6:1이었다. 반면 노동계층 부모는 칭찬과 꾸중의 비율이 2:1에 불과했다. 부모가 해주는 격려의 말은 자녀의 지적탐구심과 자신감 그리고 성취도 발달과 밀접한 관련이 있다. 환경적인 요인에 의해 IQ가 큰 차이를 보이는 것임을 알 수 있다.

피그말리온 효과

지중해에 한 젊은 조각가가 살고 있었다. 볼품없는 외모를 지녔던 그는 사랑에 대해서는 체념한 채 조각에만 정열을 바쳤다. 그러다가 자신도 언젠가는 사랑을 얻을 수 있을 것이란 기대로 심혈을 기울여 여인의 나체상을 조각했다. 그 조각은 누가 보더라도 완벽한 여인상이었고 그는 조각상을 정성스럽게 다듬어갔다. 그런데 시간이 지나면서 점차 그 여인상에 대해 연민의 감정을 가지게 되었고 나중에는 사랑의 감정으로 싹터갔다. 그래서 매일 꽃을 꺾어 여인상 앞에 바쳤다.

어느 날이었다. 섬에서 자신의 소원을 비는 축제가 벌어졌다. 그는 신께 그 여인상을 사랑하게 되었노라며 아내가 되게 해달라고 간절히 빌었다. 기도를 마치고 집에 돌아온 그는 여인상의 손등에 입을 맞추었다. 그런데 놀라운 일이 일어났다. 손에서 온기가 느껴지기 시작하는 것이었다. 놀란 조각가가 그녀의 몸을 어루만지자 조각상에서 점점 따스한 체온이 느껴지며 사람으로 변해가기 시작했다. 그 조각가의 순수한 사랑을 받아들인 신이 그 조각을 아름다운 여인으로 만들어주었던 것이다. 조각상이 살아 있는 여인으로 변하자 젊은 조각가는 결혼을 하고 파포스라는 딸을 낳았다.

그리스 신화에 나오는 피그말리온 효과에 대한 이야기다. 자성적 예언, 자기 충족적 예언이라고도 불리우는 피그말리온 효과는 바람을 간절하게 열망하면 꿈을 이루게 되고 자기 암시의 예언적 효과를 통해 긍정적 사고가 사람에게 좋은 영향을 미친다는 것이다.

피그말리온 효과를 실험검증으로 확인한 사례들이 있다. 대표적인 것이 1968년 하버드대학교 사회심리학과 교수인 로버트 로젠탈과 20년 이상 초등학교 교장을 지낸 레노어 제이콥슨이 미국 샌프란시스코의 한 초등학교에서 실시한 실험이다. 이들은 먼저 전교생을 대상으로 지능검사를 한 후 검사 결과와 상관없이 무작위로 한 반에서 20퍼센트 정도의 학생을 뽑았다. 그 학생들의 명단을 교사에게 주면서 '지적 능력이나 학업성취의 향상 가능성이 높은 학생들'이라고 믿게 하였다.

8개월 후 이전과 같은 지능검사를 다시 실시하였는데, 그 결과 명단에 속한 학생들은 예전보다 지능검사 점수가 높게 나왔고 전체 평균보다도 높은 점수가 나왔다. 뿐만 아니라 이들은 학교 성적도 크게 향상되었다. 명단에 오른 학생들에 대한 교사의 기대와 격려가 중요한 요인이었다. 이 연구 결과는 교사가 학생에게 거는 기대가 실제로 학생의 성적 향상에 효과를 미친다는 것을 입증하였다.

헝가리 심리학자의 체스 천재 만들기 실험

내가 거장의 경지에 이르기 위해 얼마나 열심히 노력했는지 알게 된다면 사람들은 별로 대단하게 여기지 않을 것이다.
| 미켈란젤로 |

헝가리의 교육심리학자 라슬로 폴가는 교육과 훈련으로 '천재'를 만들어낼 수 있다는 생각을 했다. 그는 오랜 연구를 통해 역사적으로 큰 성과를 낸 이들은 하나같이 한 분야를 선택해 거기에만 집중했다는 사실을 확인했다. 이를 주제로《천재를 키워라》라는 책을 쓴 그는 자신의 교육철학에 동의하는 이를 찾기 위해 공개적으로 배우자를 구하는 공고를 냈고, 이에 동의하는 우크라이나 출신의 교사 클라라와 결혼했다.

라슬로와 클라라는 곧 수전이라는 딸을 낳았다. 실험은 수전이 네 살 때 시작되었다. 라슬로와 클라라는 수전에게 체스를 가르치는 데 자신들의 삶을 바쳤다. 실험에 전념하기 위해 직장도 그만둘 정도였다.

나중에 태어난 수전의 동생, 소피아와 주디트도 이 실험에 참여시켰다.

그들은 교육의 힘으로 그들의 생각을 현실화시킬 수 있다고 믿고, 자신들이 낳은 세 자매에게 이런 교육법을 훈련시켰다. 폴가는 그의 세 자매를 홈스쿨 방식으로 교육시켰다. 그동안 체스는 여자들이 거의 진출하지 않은 분야였다. 라슬로 가족이 모은 체스 관련 책은 1만여 권에 달했다. 또한 이들은 컴퓨터가 널리 보급되지 않던 시기에 색인 카드를 이용해 과거의 경기와 잠재적인 경쟁자들의 경기를 항목별로 정리해 엄청난 자료를 모았다. 그들은 매일 수 시간씩 그렇게 체스를 배우면서 하루를 보냈다.

실험 결과, 수전은 17세 때 남자들의 전유물이던 세계선수권대회 출전 자격을 얻은 최초의 여성이 되었다. 수전이 19세, 소피아가 14세, 주디트가 12세 때 세 자매는 한 팀을 이뤄 여성 올림피아드에 출전했고 헝가리 역사상 최초로 소련을 상대로 승리를 거둬 국가적인 영웅이 되었다. 수전은 21세 때 여성으로는 최초로 그랜드마스터가 되었다. 몇 년 뒤 주디트가 당시 체스계의 영웅으로 불리던 바비 피셔와의 대전에서 승리를 거둬 남녀 통틀어 최연소 그랜드마스터가 되었다.

그들의 체계적이고 조직적인 훈련 그리고 매일의 강도 높은 연습은 계속되었고, 나중에 세 딸은 모두 세계 탑10에 속한 여성 체스 선수로 등록되었다. 특히 막내인 주디트는 이전의 최연소 기록을 깨고 15살에 그랜드마스터가 되는 신기록을 세우기도 했다. 오늘날 주디트는 세계 최정상급의 플레이어이고 거의 모든 남자 플레이어들을 이겼다.

그런데 세 딸의 체스 실력이 부모에게서 물려받은 재능이라고 볼 만한 근거는 전혀 없다. 라슬로의 체스 실력은 보통 수준이고 클라라는 체스를 전혀 할 줄 몰랐다. 따라서 세 자매의 성공은 수년 동안 쌓아온 강도 높은 훈련과 연습의 결과라고 할 수 있다. 세 자매는 자신들의 성공을 통해 아버지의 교육방법이 옳았음을 확신하게 됐다. 수전은 후에 이렇게 말했다.

"아버지는 태어나는 재능은 없다고 믿으셨어요. 성공의 99퍼센트는 노력으로 이루어진다는 말이죠. 저도 그렇다고 생각해요"[8]

지능에 대한 칭찬, 노력에 대한 칭찬

재능, 그것은 세상에 존재할 이유가 없는 단어다.
| 에릭 라르센, 《최고가 되라》 저자, 멘탈트레이너 |

발달심리학자인 클라우디아 밀러와 스탠퍼드대학교 사회심리학자인 캐롤 드웩 교수는 우리가 믿는 재능의 함정을 파악하기 위해 흥미로운 실험을 했다. 뉴욕의 5학년 학생들 400명을 대상으로, 대표적인 IQ검사의 하나인 '레이븐의 누진행렬검사' 과제를 풀도록 했다. 그리고 아이들이 문제를 다 풀면 점수를 알려주면서 칭찬을 덧붙였다. 아이들의 절반은 '정말 똑똑하구나'와 같이 '지능에 대한 칭찬'을 그리고 나머지 절반은 '정말 애썼구나'와 같은 '노력에 대한 칭찬'을 받았다.

그리고 아이들은 두 번째 시험을 치렀다. 이번에는 어려운 시험과 쉬운 시험을 아이들에게 제시하고 선택할 수 있도록 했다. 그러자 '노력에 대해 칭찬'을 받은 아이들은 90퍼센트가 어려운 시험을 선택했고 '재능에 대해 칭찬' 받은 아이들은 66퍼센트가 쉬운 시험을 선택했다. '재능에 대한 칭찬'을 받은 아이들의 3분의 2가 어려운 시험보다는 쉬운 시험을 선택한 것이다.

세 번째 시험은 똑같이 다 어려웠다. 그런데 '지능에 대한 칭찬'을 받은 아이들과 '노력에 대한 칭찬'을 받은 아이들의 반응은 완전히 달랐다. '노력에 대한 칭찬'을 받은 아이들은 어려운 문제를 반겼고 굉장히 깊이 있게 몰두했다. 심지어 몇몇 아이들은 그 문제를 풀기도 했다. 그렇지만 '지능에 대한 칭찬'을 받은 아이들은 낙담하고 실망했다.

그러고 나서 다시 처음과 똑같은 난이도의 시험을 보게 했다. '노력에 대한 칭찬'을 받은 아이들은 처음 점수보다 30퍼센트 향상되었지만, '지능에 대한 칭찬'을 받은 아이들의 점수는 20퍼센트 하락하는 결과를 보였다. 실험진은 객관성과 공정성을 위해 이후에 이 실험을 여섯 번이나 반복했는데, 그때마다 매번 동일한 결과를 얻었다.

"그들의 재능, 지능은 고정된 것이 아니라 그들 스스로 발달시킬 수 있죠. 그리고 재능이나 지능 자체를 칭찬하는 것은 상당히 위험할 수 있다는 겁니다. 그로 인해 아이들이 고정된 사고방식을 갖도록 하거나 동기와 성과를 약화시키니까요."[9]

이 실험을 주도한 캐롤 드웩 교수의 이야기다. 지능은 고정된 것이 아니라 칭찬만으로도 충분히 큰 변화를 가져올 수 있다는 것이다.

천재는 떼지어 출현한다

기원전 5~6세기 전후 인류의 사상에 큰 비약이 일어난다. 유대

교의 예언자, 그리스의 철학자, 페르시아의 차라투스트라, 인도의 석가모니, 주나라의 공자와 노자 등이 나타난다. 오늘날 많은 사람들이 믿고 있는 세계 종교는 이 시대에 그 토대가 형성되었다.

동·서양 사상의 위대한 원천인 소크라테스, 석가, 공자, 차라투스트라 등의 위대한 사상가이자 철학자들은 모두 이 시기에 활약한 인물들이다. 철학자 야스퍼스는 이 역사적인 시기를 "축의 시대(Axial Age)"라고 부르며, 이 시기에 인류는 지구상의 각기 다른 곳에서 거대한 사회변동을 겪고 있었고 고대 제국으로 나아가는 길목에서 인류의 자유로운 정신활동은 최고조로 고양될 수 있었다고 한다.

듀크대학의 통계학자 데이비드 뱅크스는 수년 전 '천재 과잉의 문제'라는 짧은 논문에서 천재들은 시·공간에 걸쳐 고르게 흩어져 있지 않다고 지적했다. 반대로 천재는 떼지어 뭉쳐 있는 경향이 있다는 것이다. "왜 특정한 역사적 시기와 공간은 다른 때와 달리 놀라울 정도로 더 생산적인가? 이런 질문을 제기한 적이 별로 없다는 사실은 지적으로 수치스러운 일이다. 그에 대한 답이 교육·정치·과학·예술 분야에 충격적인 의미를 갖는데도 말이다"라고 질문하면서 그는 위대한 천재 집단이 출현한 시간과 공간을 다음과 같이 크게 세 가지로 분류했다.

- **기원전 440~380년의 아테네** 플라톤, 소크라테스, 페리클레스(그리스의 장군, 정치가), 투키디데스(그리스의 역사가), 소포클레스(그리스의 시인), 헤로도토스(그리스 역사가), 아이스킬로스(그리스 시인), 에우리피데스(그리스의 시인) 등
- **1440~1490년의 피렌체** 미켈란젤로, 레오나르도 다 빈치, 보티첼리(이

탈리아의 화가), 도나텔로(이탈리아의 조각가), 기베르티(이탈리아의 조각가·
화가) 등

· **1570~1640년의 런던** 베이컨, 셰익스피어, 스펜서(영국의 시인), 롤리(영
국의 탐험가, 정치가), 존슨(영국의 시인, 극작가), 말로(영국의 극작가, 시인) 등

이 중에서도 가장 화려했고 유산이 풍부한 시대를 1440~1490년
의 피렌체의 50년간으로 꼽는다. 이 반세기 동안 인류는 가장 위대한
예술적 성과를 폭발적으로 달성했다는 것이다. 어떻게 그런 일이 일어
날 수 있을까? 그가 제시하는 근거들은 다음과 같다.

1. **경제적 번영** 예술가를 지원할 수 있는 돈과 시장이 있었다.
2. **평화** 예술적·철학적 발전을 추구할 수 있는 안정적인 환경이었다.
3. **자유** 예술가들이 국가나 종교의 통제를 받지 않았다.
4. **사회적 유동성** 가난해도 재능이 우수한 사람은 주류에 진입할 수 있었다.
5. **패러다임의 변화** 독창성과 표현의 자유를 부흥시킨 새로운 관점과 매체
들이 등장했다.

이런 요소들이 합쳐져서 르네상스에 불이 붙었다는 것이다. 독
일 출신의 사회학자 노베르트 엘리아스는 천재를 '천부적 재능'이라
는 생물학적 환원론으로 설명하는 방식에 대해 비판적이다. 천재는
시대적 맥락 가운데 만들어진다는 것이다. 그에 의하면 신동 모차르
트가 성인이 되어서도 천재로 남을 수 있었던 이유는 '수공업자의 예
술'에서 '예술가의 예술'로 전환되었다는 시대적 맥락이 있었기 때문
이라고 한다. 결국 신동 모차르트가 천재로 영원히 살아남을 수 있었

던 것은 절대군주제에서 시민사회로의 이행이라는 사회문화적 구조가 있었기 때문이라는 것이다.

혼자 성공하는 것은 왜 불가능한가

세계적인 베스트셀러가 되었던 말콤 글래드웰의 《아웃라이어》는 '1만 시간의 법칙'으로 대표되는 성공하는 개인에 대한 이야기가 아니다. 물론 1만 시간의 법칙도 그 책의 중요한 메시지였음은 분명하지만, 저자가 책 전반을 통해 하고 싶었던 핵심적인 메시지는 개인을 넘어선 사회적 '문화'에 관한 이야기 즉, '혼자서 성공하는 사람은 없다'는 것이다. 그가 감사의 글 첫 머리에서 《아웃라이어》를 출간할 수 있었던 데에는 사회심리학자인 리처드 니스벳 교수에게 공이 있음을 밝히고 있다. 니스벳 교수는 개인의 사고방식과 행동양식에서 '문화'가 결정적 영향을 미친다는 점을 강조해 온 학자다.

성공은 '환경'과 '기회'의 강력한 결합으로 이루어져 있다. 언제 어디에서 태어났는가, 부모의 직업이 무엇인가, 양육되는 과정에서 어떤 교육을 받았는가 등의 요인에 따라 누군가가 세상 속에서 얼마나 잘해나갈 수 있는가가 결정된다. 한 사람이 '예외적인' 성공을 하려면 타고난 능력도 필요하겠지만 환경의 영향력이 더 중요한 관건이 된다는 것이다. 심지어 재능조차 성장 배경과 환경에 따라 꽃을 피울지 여부가 정해진다.

카네기, 록펠러 등 인류 역사상 최고의 부자들이 모두 1830년대생인 것은 결코 우연이 아니다. 이들이 40~50대로 한창 활동할 때는 철도가 만들어지고 금융산업이 본격적으로 나타나는 등 경제 빅뱅이 일어나던 시기였다. 따라서 부를 축적할 수 있는 기회도 널려 있었다. 즉 카네기나 록펠러 등이 엄청난 부자가 될 수 있었던 이유에는 '때를 잘 타고났다'는 점도 포함시켜야 한다는 얘기다.

스티브 잡스나 빌 게이츠와 같은 소프트웨어의 재벌들이 1955년 생이라는 공통점을 가지는 것은 개인의 노력만으로 성공할 수 있었던 것이 아니라, '소프트웨어 산업의 개화'라는 강력한 시대적인 뒷받침이 있었기에 가능한 것이었다.

"천재 과학자는 더 이상 나타나지 않을 것이다"

영국의 과학 전문 주간지 〈네이처〉지 2013년 1월호에 '아인슈타인, 그 이후: 과학 천재 유전자의 멸종'라는 제목으로 실린, 심리학자 딘 키스 사이먼튼의 대담한 주장이다. 그는 이 글에서 외로운 천재가 완전히 새로운 분야를 만들어내거나 기존의 과학을 뒤엎는 혁명적인 생각을 내놓을 가능성은 사라졌다고 주장한다. 그리고 그런 과학적 진보는 거대한 팀을 통해서만 이루어질 것이며 따라서 뉴턴, 아인슈타인, 다윈과 같은 '천재적인' 과학자는 앞으로는 등장하지 않을 것이라는 점을 예언하며 안타까워한다.

케임브리지대 실험물리학 교수인 아테네 도널드 역시 사이먼튼이 예견한 것처럼 앞으로의 과학적 발전은 다수의 협력에 의해 이루어질 것이라는 데 동의한다. '신의 입자'라고도 불리던 '힉스입자'의 존재를 증명[10]한 것도 당대의 여러 과학자들이 동시에 예견한 것이었다.

장수는 유전과 연관성이 없다

2014년 스탠퍼드대학교 연구팀은 110세를 넘긴 노인들은 유전적 공통점이 전혀 없다고 발표했다. 이 대학 연구진은 110세가 넘은 초 장수 노인 17명에게서 긴 수명과 밀접한 관련이 있는 유전자 통제 단백질을 찾아낼 수 없었다는 연구결과를 학술지 〈플로스 원〉에 공개했다. 이 연구에 참여한 스탠퍼드대 발달생물학 및 유전학을 연구하는 스튜어트 킴 교수는 "장수 유전자를 찾아낼 것으로 기대했지만 실망스럽게도 그게 아니었다"고 말했다. 건강하게 오래 사는 데 있어, 유전적인 요소를 전혀 발견할 수 없다는 것이다.

한편 2015년 12월 미국 스토니브룩대학 암센터 연구진은 유방암, 전립선암, 폐암 등 흔한 암의 70~90퍼센트가 개인의 생활습관 등 외부 요인 때문에 발생한다는 연구결과를 학술지 〈네이처〉에 발표했다. 이들은 컴퓨터 모델링, 인구 데이터, 유전학적 접근법 등을 통해 진행한 이번 연구에서 직장암의 경우에는 75퍼센트가 잘못된 식습관 때문에 발생하며 자궁경부암의 90퍼센트는 인간유두종 바이러스 감염 때문에 일어난다고 밝혔다. 연구에 참여한 스토니브룩대의 유수프 해넌 교수는 암의 원인과 나쁜 습관을 '러시안 룰렛' 게임에 비유해 설명한다.

"권총의 약실 6개 중에 '암이라는 돌연변이의 불운'이라는 탄환이 기본적으로 1발 장전돼 있다면 흡연자들은 거기에 2~3발을 더 채운 뒤 방아쇠를 당기는 셈이다. 흡연자가 암에 걸리는 가능성이 일반인보다 높은 것은 분명하다."

즉, 선천적인 유전이나 불운에 의해 암이 발생할 가능성은 10퍼센트 이내이고, 암 발생의 90퍼센트는 식습관, 생활 패턴 또는 감염 등의 외부요인 때문이라는 것이다.

앞서 두 연구가 전해주는 메시지는 명확하다. '무병장수(無病長壽)'라는 유전적 연관성이 높을 것으로 예상되는 신체적인 요인들이, 사실은 관련성이 거의 없거나 또는 알 수 없다는 것이다. 즉, 무병장수는 후천적인 요인들에 의해 결정된다는 것이다. 이를 '선천적 재능'과 '후천적 노력'의 관계에 비교해 생각해보자. 스토니브룩대학 암센터 연구진의 발표에서도 확인된 사실이지만, 암이 식습관 등의 후천적인 요인으로 인해 발생할 확률이 90퍼센트에 이른다면 재능 유전자 즉, 천재성이라고 말하는 것도 선천적인 것이 아니라 후천적인 요인에 의한 것이 아닐까? 왜냐하면 그 부위가 신체 전반(무병장수)이 되었든 두뇌(재능)가 되었든 건강이 유전과 연관성이 없다는 일련의 조사결과는, 두뇌라는 몸의 한 기관도 그럴 가능성이 매우 높다는 것을 보여준다고 볼 수 있기 때문이다.

천재성이 생득적이라고 주장하는 것은 암의 발생 원인이 유전 때문이라고 생각하는 것과 별반 다르지 않다. 암과 같은 질병이나 무병장수가 후천적으로 결정된

원인	국제암연구소	미국국립암협회지[11]
음식	30%	35%
흡연	15~30%	30%
만성 간염	10~25%	10%
직업	5%	4%
생식요인 및 호르몬	5%	7%
음주	3%	3%
환경 오염	3%	2%
방사선	3%	3%
유전	5%	−

암의 원인[12]

다고 하듯이, 천재성을 보이는 이가 있다면 이는 성장 과정에서 어떤 환경에서 자라고 어떤 교육을 받았는지 그리고 어떻게 훈련받아왔는지 즉, 후천적인 요인에 의해 결정된다고 보는 것이 타당하다.

초짜 트레이더를 모집합니다

트레이딩은 내가 상상했던 것 이상으로 얼마든지 교육이 가능했다. 그 가능성을 믿은 사람은 유일하게 나뿐이었지만⋯⋯. 실제로 그것은 막연한 생각을 뛰어넘는 것이었다.

| 리처드 데니스, 투자자 |

구인공고 (대표: 리처드 데니스)

트레이더 그룹을 강화하기 위해 상품 · 선물 트레이더를 모집함.

데니스 대표와 임원들은 회사 자체 자산을 운용할 트레이더를 양성하고자 지원자들을 소그룹으로 나눠 훈련시킬 예정임. 수련생 중 선발된 인력은 데니스 대표를 위해 독자적으로 트레이딩을 하게 됨. 자기 자신 또는 제3자를 위한 선물 매매는 허용되지 않을 것임. 트레이더들은 매매 이익의 일정 비율을 성과급으로 지급받게 됨. 트레이딩 경험은 고려 대상이나 필수사항이 아님. 지원자는 이력서와 함께 지원 사유를 한 문장으로 적어 아래 주소로 보낼 것.

C&D 커머디티즈

141 웨스트 잭슨 2313호 시카고 일리노이주 60604

1983년과 1984년에 〈월스트리트저널〉, 〈인터내셔널 헤럴드트리뷴〉에 실린 광고 내용이다. 이 광고를 낸 리처드 데니스는 대형 투자은행이나 〈포춘〉지 선정 500대 기업에 속하지 않은 저돌적인 시카고 선물시장의 트레이더였다.

몇백 달러의 적은 밑천으로 시작한 그는 37세이던 1983년에 이미 수억 달러를 벌어들였다. 15년도 안 되는 짧은 기간에 어떤 공식적인 훈련이나 가르침도 없이 스스로의 힘으로 그 모든 것을 이룩한 것이다. 그런데 그는 제대로 가르침을 받는다면 누구나 트레이딩을 잘할 수 있다고 생각했다. 하지만 그의 파트너였던 윌리엄 에크하르트는 이에 동의하지 않았다.

논쟁을 거듭하던 이들은 결국 1983년과 1984년에 트레이딩 교실을 개설하고 일단의 수련생을 모집해 직접 실험을 하기에 이르렀다. 이때 데니스는 그의 수련생들에게 터틀이라는 별명을 붙여주었다. 터틀이라는 이름은 데니스가 언젠가 싱가포르에 갔다가 거북이 농장을 방문하게 되었는데, 그곳에서 수많은 거북이가 꿈틀대는 것을 보고 그 거북이들처럼 트레이더들도 양성해낼 수 있을 거라고 생각했던 것이 계기가 되었다.

데니스는 광고를 보고 지원자 수백 명 중 시험과 면접을 거쳐 최종 13명을 훈련생으로 선발했는데 이들 가운데는 트레이딩에 대한 경험이 전혀 없는 초보자도 있었다. 이렇게 선발된 13명의 터틀들은 6개월 동안 훈련을 받았고, 이후 직접 데니스의 돈 100만 달러씩을

터틀 참가자	1984년	1985년	1986년	1987년	평균 수익률
마이크 카	24.90%	45.78%	77.98%	49.06%	49.43%
마이클 카발로	−14.50%	100.72%	33.62%	111.25%	57.77%
리즈 슈발	−20.98%	51.65%	134.68%	178.02%	85.84%
제프 고든	31.74%	82.05%	50.85%	11.49%	44.03%
짐 멜릭	102.33%	42.18%	160.47%	45.71%	87.67%
스티그 오스트가드	20.03%	296.56%	108.21%	87.77%	128.14%
제리 파커	−10.04%	128.87%	124.74%	36.76%	70.08%
하워드 새들러	15.91%	100.16%	95.98%	79.52%	72.89%
짐 디마리아		71.12%	131.68%	96.74%	99.85%
필립 루		132.25%	128.80%	77.58%	112.88%
마이클 오브라이언과 마크 월시		99.46%	135.86%	78.35%	104.56%
브라이언 프록터		54.82%	116.17%	185.10%	150.64%
폴 라바		91.72%	125.86%	78.19%	98.59%

훈련기간 중 터틀 교육생들의 투자 수익률

가지고 투자에 직접 참여하기 시작했다. 그리고 이들은 세상 사람들을 놀라게 만드는 경이적인 성과를 거두게 된다. (표 참조)

　이 실험을 통해 리처드 데니스는 트레이딩의 성공이 선천적인 것이 아니라 교육될 수 있다는 자신의 생각이 옳은 판단임을 확신하게 되었다.

통찰은
어떻게
만들어
지는가

5

"나의 직관은 경험에서 비롯된다.
인간이 관심을 갖고
사고와 행동을 수정한다면
수년간 경험한 후 그 분야에서
통찰력을 갖게 될 것이다."

찰스 포즈너, NLP 전문가, 동기부여가

작은 것들이 쌓여 잠재력이 된다

불확실성이 높고 경험이 중요한 분야에 뛰어들어놓고도 직관에 의존
하지 않는다면 그것은 스스로의 직업생명을 죽이는 것과 다름없다.
| 하워드 가드너, 하버드대 교육심리학 교수, 다중지능이론 창시자 |

어느 날 횡단보도에 서 있는데 갑자기 차가 당신을 향해 돌진한
다고 하자. 그 순간 당신은 선택 가능한 여러 가지 가능성을 놓고 종
합적으로 검토할 수 있을까? 당연히 없을 것이다. 눈앞의 위험을 피
해야 한다는 무의식적인 판단에 따라 본능적으로 대처할 것이다. 우
리는 긴급한 상황에서 신속하게 결정을 내려야 할 때 이성적인 판단
력을 유보하고 다른 판단의 영역을 가져온다. 그것은 위험을 회피하
려는 본능일 수도 있고 그동안의 다양한 경험에서 비롯한 순간적인
직관일 수도 있다.

직감이나 본능, 제6의 감각, 무의식, 잠재의식, 내면의 삶 등 다
양하게 일컬어지는 '직관'에 대한 사전적 정의는 다음과 같다. '판단·
추론 등을 개입시키지 않고, 대상을 직접적으로 인식하는 것.' 이처럼
직관은 사유나 추론의 과정을 거치지 않고 순간적으로 판단하는 것
을 말한다.

오늘날 직관이 중요해진 것은 정보가 넘쳐나는 지식정보화 시
대에 그것을 분류하고 분석하는 인간의 능력에 한계가 있기 때문이
다. 크리스천 앤 팀버스라는 미국의 유명한 헤드헌팅 기업이 2002년
5월 실시한 조사에서도 경영자들 중 45퍼센트가 중요한 판단을 할
때 사실과 수치보다는 직관에 의존하는 경우가 많다고 밝혔다. 보스
턴컨설팅그룹의 창업자인 브루스 핸더슨 역시 "비즈니스에서 최종

선택은 항상 직관적이다. 그렇지 않다면 모든 문제 해결은 수학자들의 몫이 되었을 것이다"라고 말하며 직관의 중요성을 강조한다. 그런데 이 직관은 어떻게 만들어지는 것일까? 직관이 어떻게 창출되는지 그 세계로 들어가보자.

1997년 아이오와대학에서 실시한 베카라 도박 과제 또는 아이오와 도박 과제라고 불리는 실험이 있다. 아이오와의대의 베카라가 고안한 실험이라서 이렇게 부른다. 네 개의 카드 더미에서 마음대로 카드를 하나씩 뒤집으면 되는 아주 간단한 도박 실험이다. 이 실험에 참여한 사람들은 모두 보통의 지능을 가지고 있었고 평균적으로 13~15년의 정규교육을 받은 사람들이었다.

베카라 도박 과제에서 네 개의 카드 더미 중에 좋은 카드 더미는 두 개고 나쁜 더미가 두 개다. 모든 카드에는 카드를 뒤집으면 받게 되는 수입과 지출이 쓰여 있는데 좋은 더미는 수입이 무조건 한 번에 50달러이고, 나쁜 더미의 수입은 100달러다. 반면 지출은 무작위로 나타나는 데 좋은 더미는 평균적으로 -25달러, 나쁜 더미는 평균적으로 -125달러다. 즉, 좋은 더미는 적게 벌지만(50달러) 더 적게 잃기(-25달러) 때문에 장기적으로 이익이고, 나쁜 더미는 많이 벌지만(100달러) 더 많이 잃기(-125달러) 때문에 장기적으로는 손해다.

이 실험 결과 보통 사람들은 50장의 정도의 카드를 뒤집은 후에야 상황이 어떻게 돌아가는지 알게 된다. 정확한 이유는 몰라도 50장 정도를 뒤집으면 어떤 쪽이 더 나은 카드 더미인지를 이해하게 되는 것이다. 그리고 80장의 카드를 뒤집으면 대부분 게임을 정확히 파악하고, 카드들 사이에 어떤 차이가 있는지를 알게 된다.

아이오와의 과학자들은 또 다른 사람들을 대상으로 한 실험을 실시했다. 그들은 전문 갬블러였다. 이들에게는 동일한 실험을 실시하면서, 손바닥의 땀샘 활동을 측정할 수 있는 탐지기계 한 대씩을 붙여놓고 땀샘 상황을 측정했다. 다른 땀샘들처럼 손바닥 땀샘도 온도뿐 아니라 스트레스에도 반응한다.

그런데 이들 전문 갬블러들은 10장 정도만 뒤집어 보고도 어떤 카드 더미가 좋은지 어떤 카드 더미가 나쁜지를 금방 파악했다. 더 중요한 건 손바닥에 땀이 나면서 행동도 변하기 시작했다는 점이다. 다시 말해 전문 갬블러들은 스스로 명확히 깨닫기도 전에 게임을 파악했으며, 뭔가 조절해야겠다는 의식을 갖기 전부터 이미 손바닥 땀샘 신호를 통해 필요한 조절을 시작한 것이다. 위험을 본능적으로 알아채는 몸이 먼저 반응을 보인 것이다.

일반인들은 논리적이고 명확하나 거기에 도달하는 데 최소 50장에서 최대 80장의 카드를 뒤집어 보아야 한다. 당연히 느리고 많은 정보를 필요로한다는 단점이 있다.

그러나 두 번째 전문 갬블러들이 직감적으로 선택한 방법은 신속히 움직인다. 오랜 경험에서 비롯한 직관적인 판단이다. 이들은 10번째 카드부터 시작해 거의 순식간에 문제를 파악한 것이다. 그러나 이 전략은 무의식 또는 잠재의식에서 작동한다는 단점이 있다. 판단을 입증할 논리와 구체적인 데이터 또는 실마리가 없다. 이 실험에서는 손바닥 땀샘과 같은 간접적이고 기이한 방식으로 신호를 보냈다. 하지만 매우 빠르다는 장점을 가진다.

20세기 최고의 전설적인 투자자로 알려진 제시 리버모어는 1906년 4월 18일 발생한 샌프란시스코 대지진이 일어나기 전에, 직관으로 공매도를 해서 큰돈을 벌었다. 이와 관련해 그는 자서전격인

《어느 주식투자자의 회상》에서 직관에 의한 투자에 대해 다음과 같
이 설명하고 있다.

> 호가판을 둘러보며 시세의 변화를 살펴보니 전반적으로 주가는 상승하고 있
> 었다. 그렇게 호가판을 둘러보던 중 유니언퍼시픽에서 눈길이 멈추었다. 갑
> 자기 그 주식을 공매도해야만 한다는 생각이 들었다. 아무 이유 없이 그 주
> 식을 공매도하고 싶을 뿐이었다. 내 자신에게 그 이유를 묻긴 했지만 유니언
> 퍼시픽의 주식을 공매도할 만한 특별한 이유를 발견할 수는 없었다. 다른 숫
> 자나 호가판, 다른 모든 것들이 눈에 보이지 않을 때까지 호가판에 기록된
> 그 회사의 직전 체결가를 노려봤지만 결과적으로 알게 된 것이라고는 내가
> 유니언퍼시픽 주식을 공매도하기를 원한다는 점과 그 이유를 내 자신이 알
> 지 못한다는 것이었다.
>
> ...(중략)...
>
> 내가 이런 얘기를 하면 친구들은 그건 예감이 아니라 창조적인 사고를 하는
> 잠재의식이라고 했다. 이 잠재의식이란 예술가로 하여금 어떻게 하는지 자
> 신도 모른 채 작품을 만들게 하는 어떤 것이다. 아마도 나에게는 개별적으로
> 보면 중요하지 않지만 한데 합치면 아주 강력해지는, 무수히 많은 작은 것들
> 이 쌓이고 쌓여 이런 잠재의식으로 이어졌던 것 같다.

리버모어는 그러한 직관적인 판단을 '개별적으로 중요하지 않
지만 산발적으로 있던 것들이 집합적으로 모일 경우 강력한 힘을 발
휘하는 사소한 일들이 누적되어 나타나는 효과'라고 말한다. 초등학
교를 졸업하자마자 풀타임 직업으로 '호가판 사환'으로 일했던 그였
다. 속셈에 능했던 그는 초등학교에서 3년 과정의 산수를 1년 만에

마치기도 했는데, 특히 암산에 탁월한 수완이 있었던 모양이다. 하지만 이보다 더 중요한 것은 당시 그가 그 분야에 이미 15년째 일하고 있었다는 것이다.

소방관, 간호사의 동물적 감각

> 중요한 결정은 전문가나 책이 아니라 내 직관을 믿는다.
> | 에이브러햄 링컨 |

자연주의 의사결정 이론[13]의 개척자인 게리 클라인은 《인튜이션》이라는 방대한 책에서 40년이 넘는 동안 인지과학을 연구한 결과를 상세하게 소개하고 있다. 그 책에서 첫 사례로 들고 있는 것은 미국 오하이오주 클리블랜드의 한 주택가에서 화재가 발생해 이때 출동한 소방대장과의 인터뷰 내용이다. 분초를 다투는 냉혹한 결정을 내려야 했던 때의 이야기다.

주택가에 있는 단층집에 단순한 화재가 발생했다. 화재가 난 곳은 집 뒤편에 있는 부엌이었다. 소방반장은 호스를 든 대원들을 이끌고 건물 뒤로 가 물을 살포하기 시작했으나 불은 여전히 활활 타올랐다. 그는 불길을 보면서 중얼거렸다. "그것 참 이상하네." 물을 그만큼 뿌렸으면 효과가 있어야 했다. 다시 물을 뿌려도 결과는 마찬가지였다. 대원들은 뒤로 약간 물러나 대열을 갖추었다. 바로 그때 그에게 이상한 예감이 들었다. 명확한 징후는 없었지만 그 집에 계속 있으면 안 된다는 생각이 퍼뜩 들었다. 그는 대원들에게 밖으로 나가라고 소리쳤다. 색다를 것 없는 지극히 평범한 건물이었지만 그의 뇌를 흔드는 직감이 있었다.

그와 대원들이 서둘러 건물 밖으로 나오자마자 그들이 서 있었던 바닥이 내려앉았다. 순식간에 일어난 일이었다. 만약 대원들이 건물 안에 있었다면 지하 불구덩이 속으로 떨어져 큰 화를 입었을 것이다.[14]

이 소방대장은 자기가 왜 다른 대원들에게 소리 높여 위험을 경고했는지 제대로 설명하지 못했다. 그냥 무언가 위험한 상황이 진행 중이라는 직관에 따른 판단에 따라 그렇게 했다는 것이다. 하지만 화재 후 면밀히 분석한 결과 그 집에 지하실이 있었고 화재가 지하실에서부터 시작된 것으로 밝혀졌다. 화재 당시에 소방반장은 단독주택에서 난 화재 치고는 거실이 너무 뜨거웠고 무엇보다 발바닥이 따뜻해지자 이를 신호로 곧 닥치게 될 위험을 직관적으로 느꼈던 것이다. 병원에서 벌어진 또 다른 예를 살펴보자.

신생아 집중치료실 간호사 한 명이 인큐베이터에서 신생아를 돌보고 있었다. 간호사는 옆에 있는 아이가 대여섯 시간에 걸쳐 미묘하게 안색이 변화하는 것에 주목했다. 아기는 조금 창백해지다가 다시 건강한 홍조를 띠곤 했다. 간호사가 그 아기를 담당하는 간호사에게 말하자 담당 간호사 역시 안색의 변화에 주목했다. 그때 단 몇 초 만에 아기의 얼굴은 납빛으로 변했으며 혈압이 바닥을 쳤음이 모니터에 나타났다. 심박수는 떨어지다가 다시 고르게 상승되어 분당 80을 꾸준히 유지했다.

간호사는 즉시 아기가 심막기종을 앓고 있음을 알아냈다. 심장을 에워싸고 있는 낭에 공기가 가득 차 심장을 풍선처럼 만드는 상태로, 심장 주변에 가해지는 공기의 압력으로 인해 아기의 몸에 피를 보내지 못했다. 심장이 마비

된 상태였다. 간호사는 심장 주변의 공기를 빼내지 않으면 아기가 몇 분 내에 사망한다는 것을 알고 있었다. 그녀는 전에 이런 일을 겪은 적이 있었다. 한편 아기의 담당 간호사는 큰소리로 엑스레이 촬영을 요청했고 의사가 도착해 아기의 흉벽에 구멍을 냈다. 의사는 폐가 문제라고 판단했는데, 그것은 산소호흡기를 달고 있는 아기들에게 흔히 생기는 일인 데다, 심장은 모니터로도 분당 80으로 꾸준히 뛰고 있었기 때문이다. 문제를 최초로 발견한 간호사는 사람들이 심장에 문제가 없다고 판단하고 있음에도 "문제는 심장이에요. 심장이 뛰지 않아요"라고 말하며 의사의 판단을 수정하려 했다.

간호사는 아기 몸에 올려 있던 사람들의 손을 다 밀어내고 청진기로 심장소리를 들으려 애쓰면서 조용히 하라고 외쳤다. 심장소리는 들리지 않았고 그녀는 아기의 흉부에 압박을 주기 시작했다. 신생아병동 과장이 나타나자 간호사는 그의 손에 주사기를 건네주며 말했다. "심막기종이예요. 내 말이 맞아요. 심장에 주사를 놓으세요." 방 건너편에서 엑스레이 기사가 그녀의 말이 맞다고 외쳤다. 아기의 심막에 공기가 가득 차 있었다. 의사는 공기를 빼내 아기의 생명을 구했다.[15]

위 사례는 1989년 《인튜이션》의 저자 게리 클라인과 함께 연구를 진행한 베스 크랜들이 신생아실 간호사들이 어떻게 의사결정을 내리는지 조사한 프로젝트 중에 수집한 스토리다. 크랜들은 마이애미밸리 병원의 신생아병동에서 근무하는 19명의 간호사를 면담했는데 그녀들은 정상적인 기간보다 너무 늦게 태어났거나 또는 너무 일찍 태어나 집중적인 치료와 관심이 필요한 신생아들을 돌보았다. 조숙아들이 패혈증이나 감염 증상을 보이면 몸 전체에 퍼져 죽을 수도 있다. 염증을 감지하는 일은 매우 중요하다. 크랜들은 아기를 한번 보자마자 즉시 감염여부를 알아내 응급조치를 취하는 간호사들로부터 많은 얘기를 들을 수 있었다. 그런데 긴급조치를 취해야 할지 여부를 어떻게 알 수 있었을까? 간호사들은 거의 대부분 "그냥 알게 돼요"라고 대답했다. 달리 말하면 직관적으로 느낀 것이다.

크랜들은 패혈증이 있는 신생아를 다룬 경험이 많은 다른 간호사들과도 인터뷰한 결과를 기초로, 아기가 위급한 상태에 있음을 나타내는 리스트를 만들었다. 얼굴빛이 건강한 분홍에서 회색이 도는 초록으로 바뀌고 자주 울다가 어느 날은 무기력하고 혼수상태가 되거나 비정상적으로 복부가 팽창하는 등의 신호를 보낸다. 신생아 전문가들과 징후 리스트를 검토했을 때 그 징후 중 거의 절반이 의학문헌에는 없었던 것임을 알게 되었고 인터뷰한 리스트를 바탕으로 간호사용 교재를 만들었다.

억만장자 아버지의 투자 비법

아버지는 턱 하고 자리를 펼치고 앉으셔서 당신이 이러저러하게 행동하신 이유를 지론을 펼쳐가며 설명하실 겁니다. 하지만 어렸을 때 아버지를 본 기억으로는 적어도 그 절반은 허풍이라고 생각해요. 그도 그럴 것이, 아버지는 주식시장에서 포지션을 바꾸는 이유를 등이 쑤시기 시작하는 증상에서 찾으셨습니다. 그럴 때면 말 그대로 발작을 일으키셨는데 그것이 바로 조기 경보였지요.

억만장자 조지 소로스 아들의 말이다. 소로스는 자신의 무의식적인 추론 결과의 가치를 아는 사람이었다. 매수에서 매도로 또는 매도에서 매수로 포지션을 변경해야 할 상황이 오면 투자시장에서의 오랜 경험이, 그로 하여금 무의식으로 몸의 변화를 불러일으킨 것이다. 앞서 아이오와 도박 실험에서 전문 갬블러들이 보여준 대로, 좋은 더미의 카드를 무의식적으로 인식하게 되면 논리적인 판단을 하기에 앞서 손에 땀이 나는 상황처럼 말이다. 무의식과 잠재의식이 몸의 신호를 통해 먼저 반응을 보이는 것이다.

사람은 누구나 '자기의 생각'이라는 것을 가지고 있다. 그리고 그것이 긍정적이든 부정적이든 자기도 모르게 잠재의식과 무의식에 자기암시를 준다. 인간은 오감을 통해 잠재의식에 받는 암시의 힘으로 생활에 필요한 모든 것을 창출하는 능력을 가진 동물이다. 보여지는 의식의 영역이 빙산의 꼭대기 일부라면 보여지지 않는 무의식의 영역은 빙산의 몸체처럼 거대하다.

오래전에 읽었던 책 중에 인상적인 책이 한 권 있다.《우주심과 정신물리학》이라는 제목의 책인데, 이 책의 저자 이차크 벤토프는 학위를 받은 정식 물리학자는 아니지만 혼자만의 방식으로 물리학을 독창적으로 공부한 사람이다.

이 책에서 벤토프는 "인간세계는 물론 우주의 모든 세계는 진동하는 실체이며 서로 다른 종류의 파동으로 가득차 있다. 우리가 존재한다고 생각하는 것은 실은 들여다보면 원자와 전자인데 이것은 진동하는 진공(眞空)이다. 따라서 우리가 보는 것들은 파동들이 서로 간섭하여 나오는 홀로그램 같은 것이며, 그 실체는 공명(共鳴)이다"라고 말한다. 이 책에서 인상적인 것 중 하나는 세계를 의식의 양과 질에 따라 8차원(광물계에서부터 영계까지)으로 구분하고 있는데, 이중 최고의 경지인 영계 바로 아래를 직관계라고 부른다.

광물계 〈 식물계 〈 동물계 〈 인간계 〈 아스트랄계 〈 정신계 〈 직관계 〈 영계

그의 따르면 '직관계'는 우리가 일상적으로 경험하는 '인간계'에 비해 3단계 더 높은 경지다. 직관의 세계에서는 지식이 일차원적으로 다가오지 않는다. 이전의 세계에서는 어떤 주제를 배울 때 구슬꿰듯이 한 번에 하나씩 정보를 주워 모아야만 했다. 그런데 직관의 세계에서는 지식이 순식간에 거대한 덩어리로 다발이 되어 마음에 새겨진다. 때로는 단순한 도표나 상징적인 형태로 오기도 한다.

지식과 경험이 마음에 새겨진 후 이 지식을 물질 차원의 보통 인간 지식으로 번역할 필요가 있으면 마음이 그 정보를 알기 쉬운 방식으로 분석한다. 직관계의 세계에서는 지식을 일차원적으로 번역할 필요가 없이, 상징적으로 응축되어 있는 정보를 한꺼번에 이해한다.

직관적 지식 덩어리를 얻어서 자기 분야에서 진보적인 업적을 이룩하는 예술가, 과학자, 발명가들의 창조적 통찰력이 이해될 것이다. 이러한 통찰의 순간은 자신의 문제를 해결하기 위해 동원 가능한 모든 방법을 시도하고 온갖 지식을 쌓으면서 깊이 몰두한 후에나 찾아온다. 이런 경험을 통해 해답을 찾은 사람은 정신이 높이 올라간 듯한 기분이 든다. 자신이 평범한 경우를 벗어난 신비한 무엇을 체험했다고 느끼며 실제로도 그렇다. '시간이 멈춘 것 같았다'는 느낌이 이런 경우에 흔히들 쓰이는 표현이다. 유레카의 순간이나 만유인력의 발견의 순간이 그렇다.

판단의 순간, 직관이냐 데이터냐?

실화를 바탕으로 제작된 '머니볼'이라는 영화가 있다. 영화는 메이저리그 만년 최하위 야구팀 '오클랜드 어슬레틱스'의 단장 '빌리 빈'이 몇 안 되는 실력 있는 선수들조차 다른 구단에 뺏기는 어려운 상황으로 시작한다.

단장인 빌리 빈은 포스트 시즌 이후 선수진을 새롭게 구성하는 과정에서 우연한 기회에 '피터 브랜드'라는 예일대에서 경제학을 전공한 친구를 데려오면서 통계와 숫자에 눈을 뜬다. 데이터와 통계에 기반한 효율적이고 이기는 야구의 중요성을 절감한 그는, 이에 따라 기존의 선수 선발 방식과는 다르게 파격적인 이론에 따라 팀을 완전히 새롭게 구성한다.

그에게는 호화스런 구장이나 돈 많은 소유주도 없고 이 작은 팀의 연봉은 뉴욕 양키즈의 3분의 1 수준에 불과하다. 하지만 경기에 관한 모든 선택의 과정을 '숫자'에 근거해 판단한 '머니볼' 이론에 의해 새롭게 팀을 구성했다. 오클랜드 어슬레틱스는 그해 메이저리그에서 최우수팀에 들었고 4년 연속(2000~2003) 플레이오프에 진출한다.

어떻게 이런 일이 가능할까? '머니볼' 이론은 대졸 선수의 드래프트, 출루율, 저평가된 선수의 재평가 등을 강조하는 철저하게 데이터와 통계에 기반한 저비용 고효율 야구를 추구하는 이론이다. 그는 승리하는 야구팀에 필요한 전통적인 관념(재능, 성격, 기질에 대한 통념)을 버리고 숫자에 근거한 새로운 과학적인 방법으로 접근한다. 이 새로운 접근법은 야구 통계에 대한 광범위한 과학적 데이터에 근거하고 있다.

이 방법은 미국야구조사협회(Society for American Baseball Research)의 첫 글자인 SABR을 따서 흔히 세이버매트릭스(Sabermetrics)라 불리며, 오래된 모든 통념이 진리가 아니라는 것을 증명했다. 세이버매트릭스 뒤에는 언쇼 쿡이라는 이름의 천재 엔지니어가 있었는데, 그는 1960년대 초 야구의 관습적 통념을 뒤엎는 방대한 자료를 수집했다. 그리고 고군분투하는 몇몇 팀의 임원에게 그 자료를 제시했을 때 그들은 그를 문전박대했다. 그래서 쿡은 논란의 여지가 없는 통계에 근거한《퍼센트 야구》라는 책을 펴냈다.

머니볼 이론의 근거를 만들어 준 이는 빌 제임스이다. 그는 사이버매트릭스라는 '통계에 기반한 야구 데이터 분석법'을 최초로 시도한 이로 관련 저술만 24권이 넘는다. 2006년에는 〈타임〉지에서 세계에서 가장 영향력 있는 사람 100명에 선정되기도 했고 2010년에는 미국 야구 명예의 전당에 올랐으며 지금은 보스턴 레드삭스의 운영 담당 수석고문으로 있다.

오늘날 세계적인 헤지펀드들의 대부분은 인간의 감정이나 즉흥성을 배제한 시스템 트레이딩이 대세다. '르네상스 테크놀로지'라는 헤지펀드를 운영하며 연봉이 28억 달러(한화 3조 원)라는 제임스 사이먼스도 시스템 트레이딩으로 큰돈을 벌었다. 그는 MIT와 하버드대 수학 교수 출신이고, 경제학자보다는 숫자와 데이터에 강한 수학자가 투자에 더 적합하다고 말한다.

그렇다면 어떤 판단을 내려야 할 때 직관을 신뢰해야 하는가, 데이터를 신뢰해야 하는가? 라면을 하나 끓이더라도 직관 또는 데이터 둘 중 하나를 선택해야 한다. 라면을 끓이는 데 적당한 물의 양이라고 하는 500밀리리터를 경험적으로 판단해 넣는 경우와 그렇지 않고 계량컵으로 정확한 물의 양을 측정해 넣는 경우의 차이다. 다만 이런 경우에야 무엇으로 결정하든 그 결과에 대한 책임이 크지 않기에 별로 문제될 것은 없지만 말이다.

다음 표는 직관에 기반한 판단과 데이터에 기반한 판단의 장·단점을 간략하게 정리해 본 것이다. 직관은 판단의 주관성을 배제할 수 없지만, 빠른 의사결정을 내릴 수 있다는 장점이 있다. 반면 데이터 기반 판단은 의사결정이 느리다는 단점이 있지만, 객관적이라는 장점이 있다. 판단자가 아닌 제 삼자도 그 결정에 수긍할 수 있다는 것이다.

	직관 기반	데이터 기반
장점	판단이 빠르다	판단이 느리다
단점	주관적(오차가 생길 수 있다)	객관적
근거	오랜 경험과 지식	데이터(숫자), 통계
책임	판단자	공동 책임

직관과 데이터 기반 판단의 차이

이러한 판단에 있어서 가장 중요한 것은 책임소재일 것이다. 즉, 책임과 결정권을 모두 가진 사람인 경우에는 직관적인 판단을 해도 좋지만 그렇지 않은 경우에는 후자가 좋을 것이다. 현실에서도 여러 자료에 입각해 판단을 내리는 경우가 대부분일 것이다. 그렇다고 해서 소극적으로 단지 책임소재를 기준으로만 판단을 하자는 것은 아니다.

앞서 소방 대장의 경우나 신생아실 간호사들의 예나 아니면 우리 일상에서 내게 순식간에 달려드는 차량을 피해야 하는 상황처럼 직관적이고 즉각적인 판단을 내려야만 하는 상황이 종종 발생할 수 있다. 그리고 그런 상황에서는 오랫동안 충분히 숙고해 데이터를 찾아볼 시간이 없다.

이 장에서 중요하게 언급하고 싶은 것은 오랫동안의 누적된 지식과 경험을 거치다보면 행동과 훈련을 통해 순간적 판단과 첫인상 뒤에 있는 것들을 해석, 판독하는 일에 숙달하게 된다는 것이다. 그리고 공식적으로든 비공식적으로든 모든 전문가는 현실에서 그렇게 하고 있다. 그렇다고 지식과 경험 없이 나오는 직관이 언제나 그르다는 말이 아니다. 다만 반응의 깊이가 얕을 뿐이다.

성공에
필요한
핵심
자질

6

×

"그건
내가 아주 똑똑해서가 아니라
문제를 오래 물고 늘어져서다."

×

아인슈타인

IQ가 높으면 성공할까?

No pain, no gain.
| 서양 속담 |

우리가 지능검사의 대표적인 기준으로 알고 있는 IQ테스트는 스탠포드대학교의 심리학과 교수였던 루이스 터먼이 1916년에 만든 것이다. 이 테스트는 아이들이 성공적으로 학업을 수행할 수 있을지 예측해주는 도구를 만들어달라는 프랑스 정부의 요청에 따라 프랑스의 심리학자 알프레드 비네가 만든 지능측정법을 발전시킨 것이다. 그 후 수십 년 동안 터먼의 IQ테스트는 지능을 측정하는 표준수단으로 통용되었다. 실제로 터먼은 "지능은 타고난 능력으로 측정 가능하며, 성공 여부를 좌우하는 중요한 요인"이라고 굳게 믿었다.[16]

1921년 루이스 터먼 박사가 10세 안팎의 소년·소녀 1,500명을 선발했다. 성인이 된 이후 잠재력이 어디에서 비롯되는지 알아보기 위해서였다. 초기에는 타고난 지능과 학습능력이 성공의 요인인 듯 했다. 하지만 시간이 지나면서 다른 결과들이 나오기 시작했다.

수십 년이 지난 후 IQ가 높은 학생들과 낮은 학생들의 사회적 성공도에 별로 큰 차이가 나지 않았다. 터먼은 자신의 IQ테스트에서 높은 점수를 받았던 학생들이 나중에 큰 상을 받거나 직업성취도가 높았다고 주장했지만, 그들 중 상당수는 일자리를 얻지 못하거나 범죄에 연루되는 등 사회적 낙오자가 되어 터먼을 난처하게 만들었다. IQ와 성공 간의 상관관계가 크게 줄어든 것이었다. 오히려 IQ가 높았던 집단에서 인생을 후회하는 경우도 많았다.

고생 끝에 낙이 온다는 의미로 《논어》에서 공자가 '고진감래'라는 말을 사용한다. 고진감래는 현재의 고생을 감내해야 나중에 성공에 이를 수 있다고 말하는 동양의 '인내'에 대한 전형적인의 메시지다. 이런 고진감래의 정신을 간단한 실험으로 증명한 유명한 사례가 있다. 일명 마시멜로 실험이 그것이다.

심리학자 월터 미셸과 그의 연구팀은 스탠퍼드대학교 어린이집에 다니는 4살 된 아이들을 대상으로 각각 방에 혼자 있게 했다. 그리고 마시멜로를 하나 주고, 15분 동안 이 마시멜로를 먹지 않고 기다린다면 마시멜로를 하나 더 주겠다고 약속을 했다. 어떤 아이들은 마시멜로의 달콤함을 이기지 못하고 하나의 마시멜로를 먹었지만, 어떤 아이들은 두 배의 달콤함을 위해 15분이라는 긴 시간을 참아냈다.

그로부터 16년이 지난 1988년, 미셸 박사는 그 아이들의 현황을 추적 조사했다. 그 결과에 따르면 '만족지연능력'이라는 자기통제의 자질은 오랜 기간 지속된다는 사실을 발견했다. 마시멜로 실험에서 15분을 참아낸 아이들은 그렇지 못한 아이들에 비해 나중에 성인이 된 후에도 마약중독자가 거의 없었으며 시험성적이 좋은 것을 밝혀냈다. 또한 최종학력도 높게 나타났고 대인관계도 우수한 것으로 나타났다. 즉, '만족지연능력'이 뛰어날수록 사회적으로 성공할 가능성이 높다는 결론을 도출했다.

질적인 도약을 위해서는 기본적으로 오랜 시간에 걸친 양적인 축적을 필요로 한다. 그것이 지식이든 훈련이든 말이다. 그런데 그렇게 하려면 며칠, 몇 개월 정도가 아니라 몇 년이라는 장기간의 훈련과 공부를 버티어낼 수 있는 자질이 필수적이다. 그런 면에서 이 마시멜로 실험은 큰 목표와 뜻을 이루기 위해서는 현재의 만족을 유보하고 지연시키는 능력, 전통적으로 말하면 인내와 끈기의 미덕이 무엇보다도 중요한 자질임을 잘 보여주고 있다.

1990년대에 시행된 또 다른 실험에서 만족지연능력과 미국의 대학수학능력시험(SAT) 성적 사이의 상관관계가 밝혀졌다. 그리고 2011년에는 "그와 같은 성향이 평생 유지된다"는 연구결과가 발표되었다. 그중에서도 흥미로운 사실은 이들의 뇌를 스캔하여 얻은 사진에 뚜렷한 패턴이 존재한다는 것이었다.[17] 특히 전전두피질과 배측선조체(중독에 관여하는 부분) 사이의 연결방식이 다른 사람들과 눈에 띄게 다른 것으로 나타났다.

이것은 일시적인 결과가 아니었다. 그 후로 몇 년 동안 수많은 연구팀이 비슷한 실험을 해왔는데 늘 같은 결과가 나왔다. 심리학자들에게 삶의 성공과 가장 밀접하게 관련된 특성을 하나만 꼽으라고 한다면 아마도 대부분은 '만족감을 뒤로 미루는 능력'이라고 할 것이다. 위스콘신대학교의 매디슨캠퍼스의 리처드 데이비슨 박사는 이러한 일련의 연구결과를 종합하여 다음과 같이 결론지었다.

"학교성적과 수능시험성적은 사회적 성공 여부를 크게 좌우하지 않는다. 사회에서 성공하려면 타인과 협동하고 감정을 통제하는 능력, 그리고 당장의 쾌락을 뒤로 미루고 한 가지 일에 집중하는 능력이 뛰어나야 한다. 이런 것들이 IQ나 학교성적보다 훨씬 중요하다. 성적이 나쁜 학생들을 위로하려고 하는 말이 아니다. 이것은 지금까지 얻은 데이터에 입각해 내린 결론이다."[18]

일시적 쾌락과 오래 지속되는 행복

마시멜로라는 달콤한 것을 먹고 싶은 행위를 달리 표현하면 쾌락 추구다. 뇌가 추구하는 쾌락의 기능을 유보시킬 수 있는 사람이 다이어트에 성공하고 멋진 성과를 창출하는 사람이라는 사실을 우리는 너무 잘 알고 있다. 즉, 쾌락 열망을 멀리하는 사람이 다이어트와 멋진 근육과 같은 육체적인 기능의 증진뿐 아니라 사회적인 성공에 있어서도 핵심적인 역할을 하는 것임을 경험을 통해 알고 있다.

그래서 전통적으로 말해왔던 '인내는 쓰다. 그러나 그 열매는 달다'는 표현은 뇌과학이 없던 시대에 이미 터득한 지혜로 이러한 일련의 과정을 표현한 핵심적인 메시지다. 그리고 여기서 인내가 말하는 참는 것, 유보하는 것의 정체는 행복이 아니라 쾌락이었다. 쾌락은 순간적인 것임에 반해 행복은 훨씬 더 장기적이고 정신건강에 좋은 어떤 것이다. 쾌락보다는 행복이 거의 모든 면에서 나은 성질임을 확인할 수 있다.

좋은 음식을 먹으면서 우리는 행복감을 느낀다고 말하기도 한다. 하지만 음식 자체만으로 느껴지는 행복은 행복이 아니라 쾌락이

	쾌락	행복
지속시간	순간적, 일시적	중·장기적
장치, 소스	음식, 잠, 술, 담배, 마약, 섹스	몰입, 성취, 좋은 관계, 긍정적인 생각
사후 판단	후회하는 경우가 많음	후회하지 않음

쾌락과 행복의 비교

다. 우리가 음식을 먹으면서 행복하다고 느꼈던 것은 좋은 음식만이 아니라 좋은 분위기, 좋은 사람, 좋은 대화의 내용 등과 함께 했을 때다. 그리고 더 확대하자면 그런 분위기로 이끈 사전의 어떤 결과였을 수도 있다. 예를 들자면 생일이나 결혼기념일과 같은 것 말이다.

쾌락과 행복을 구분짓는 또 다른 기준은 사후 판단이다. 즉, 행복한 분위기와 기분이라고 느꼈던 것에 대해 나중에 후회하는 반응을 보인다면 그건 쾌락이다. 술을 너무 많이 마시고 난 뒤 다음날 숙취로 힘들어하는 사람에게 전날의 과한 술은 쾌락을 추구하는 행동이었던 것이다. 과식을 한 뒤 소화불량이나 배탈이 나서 후회한다면 그것도 쾌락이다.

만족지연능력은 어찌 보면 온건한 표현이다. 우리의 표현으로 '지독하다'는 말이 떠오른다. 선조들은 무언가를 이루기 위해서는 독종이어야 한다고 말한다. 독종의 사전적 정의는 성질이 매우 독하고 모진 사람이다. 성질까지 독할 필요는 없지만, 이루려는 목표가 있는 사람은 적어도 그 목표에는 독해야 한다고 말한다. 다이어트를 하려고 해도 독한 사람과 그렇지 않은 사람은 큰 차이를 보인다. 독한 마음을 품어야 다이어트에 성공할 수 있다. 밤에 배고프다고 치킨 한 마리를 시켜 먹고 나면 1~2킬로그램은 금방 불어난다. 하지만 그렇게 불어난 몸무게를 빼려면 며칠 동안 고된 운동을 해야 한다.

다이어트에 성공하려면 일상에서 먹고 싶은 것들을 줄이고 꾸준히 운동해야 한다. 먹는 것을 줄이고 운동해야 한다는 것은 말은 쉽지만 현실적으로는 얼마나 어려운 일인가. 피곤하고 힘들어도 중단하지 않고 꾸준히 운동해야 하고, 사람들과의 식사나 술 약속도 피해야 한다. 그러다보면 '유난떤다', '별스럽다'는 소리를 들을 수도 있고 심해지면 사람들과 멀어질 수도 있다.

이처럼 다이어트도 쉽지 않지만, 그것이 목표를 이루기 위해 몇 달 동안 한시적으로 하는 것이라면 더 큰 목표와 꿈을 가진 사람들은 그 기간이 몇 달이 아니라 몇 년이 될 수도 있다. 이제는 경제적인 어려움, 주변의 따가운 시선, 성과가 잘 보이지 않으면 수시로 밀려드는 '과연 내가 할 수 있을까' 하는 회의적인 생각, 포기하고 싶은 생각 등 유혹을 견뎌내야 한다. 그러니 어지간한 독종이 되지 않고서는 하기 힘들다.

인간이 되기 위해 곰은 햇빛을 보지 않고 동굴 속에서 100일 동안 마늘과 쑥을 먹으며 지내다 웅녀, 즉 사람이 되어 단군을 낳았다는 신화조차 100일의 고통을 말하지만 현실은 더 길고 냉혹하다. 지금 하는 일을 스스로 생각하건대 어지간하게 했는데도 성과를 내지 못했다고 투정하지 말길 바란다. 6개월 영어공부하고 있는데 성과가 보이지 않는다고, 책을 쓰기 위해 3개월을 매일같이 고심하고 있는데 완성될 기미가 보이지 않더라도 포기하지 마라. 더 모질고 독해져야 한다. 만족 지연의 시간은 늘 생각보다 길다. 하지만 독한 정도에 비례해 목표는 천천히 다가온다.

내향적인 사람들은 혼자 일할 때 가장 잘한다

위스콘신대학교의 심리학자 조지프 뉴먼은 점수를 많이 딸수록 돈을 더 많이 받는 조건으로 하는 일종의 게임과 같은 실험을 실시했다. 컴퓨터 화면에는 서로 다른 열두 개의 숫자가 순간적으로 지나가는데, 무작위로 한 번에 하나씩만 나타나도록 한다. 숫자 4에 버튼을 누르면 점수를 얻지만 숫자 9를 누르면 점수를 잃는다는 식이다.

참가자는 그런 원리를 알기 전까지 몇 차례에 걸쳐 시행착오를 반복하게 된다. 그런데 몇 번의 시행착오를 통해 게임의 기본 원리를 알게 된 이후의 참가자들의 태도가 이 실험의 핵심이다. 내향적인 사람들은 숫자 9에 버튼을 눌러서 자기가 점수를 잃는다는 것을 알게 되면 다음 숫자를 선택하기 전에 속도를 늦추고 상황을 되돌아본다.

하지만 외향적인 사람은 속도를 늦추지 않을뿐더러 반대로 속도를 높인다. 외향적인 사람들이 목표 달성 자체에만 집중하기 때문에 위 실험결과처럼 숫자 9든 무엇이든 자기 길을 가로막지 못하게 '액셀레이터'를 밟는 것이다. 이들도 외부에서 강제적으로 속도를 조절시키면 내향적인 사람만큼 게임을 잘한다. 하지만 혼자서 하게 내버려두면 이들은 멈추지 않는다. 그러다 보니 눈에 빤히 보이는 곤경을 피하지 못하는 것이다. 뉴먼의 말은 이렇다.

> 내향적인 사람들은 보상을 낮잡아보도록, 말하자면 열광을 식히고 문제를 탐색하도록 기질적으로 프로그램화되어 있습니다. 흥분하는 즉시 내향적인 사람들은 '브레이크'를 밟고 더 중요할지 모를 부차적인 문제들을 고려합니다. 그들은 자기가 흥분하거나 목표에 집중할 때 경계심이 커지도록 특별히 단련되어 있습니다.[19]

이러한 성향의 차이는 다양한 맥락에서 관찰되었다. 다른 실험에서는 심리학자들이 사람들 50명에게 조각 수가 많고 복잡한 직소 퍼즐을 풀게 해보니 외향적인 사람들이 내향적인 사람들보다 중간에 포기하는 경향이 높았다. 또 다른 실험에서는 내향적인 사람과 외향적인 사람에게 여러 개의 복잡한 미로를 차례로 줬는데, 내향적인 사람이 미로 문제를 더 정확히 풀었을 뿐 아니라 미로에 들어가기 전에 더 많은 시간을 고민한다는 것을 발견했다. 이러한 일련의 결과와 관련해 조지프 뉴먼 교수는 이렇게 말한다. "우리에게 인지능력이 100퍼센트 있다고 할 때 내향적인 사람들은 약 75퍼센트만을 임무에 사용하고 나머지 25퍼센트는 다른 곳 즉, 반성이나 고찰 등에 할애하는 반면 외향적인 사람들은 임무에 90퍼센트를 쓴다."

이 실험 결과가 보여주듯이, 눈앞의 목표만이 아니라 자기 자신을 되돌아 볼 수 있는 내향적인 기질이 목표 달성에 더 유리한 자질임을 알 수가 있다.

과학자 뉴턴의 어릴 적 학교생활 에피소드에는 이런 평이 많았다고 한다. "학교에서 말이 없었고 늘 생각에 잠겨 있었으며, 남자 아이들과 어울려 운동하기보다는 여자아이들과 어울려 이야기하는 것을 좋아했다. 이런 일 때문에 짓궂은 아이들로부터 놀림을 당했다." 그는 나중에 케임브리지대학의 추천으로 국회의원이 됐는데 성격이 조용해서 국회의원 생활에 적응하지 못했다고 한다. 그가 1년간 국회의원 일을 하면서 유일하게 한 말이 수위에게 "문 좀 닫아주시오"였다는 일화가 전해온다. 애플의 공동 창립자인 스티브 워즈니악은 그의 회고록에서 이렇게 말한다.

"내가 만나본 엔지니어와 발명가들은 대부분 나처럼 수줍음을 많이 타고 생각이 많다. 거의 예술가 같다. 사실 최고의 엔지니어와 발명가는 정말로 예술가다. 그리고 예술가들은 마케팅이나 무슨 위원회 사람들 없이 발명품을 통제할 수 있을 때, 즉 '혼자 일할 때 가장 잘한다.' 나는 무슨 위원회에서 정말로 혁신적인 것을 만들어낸 적이 있다고는 생각하지 않는다. 당신이 발명가이면서 예술가인 그런 드문 엔지니어라면 받아들이기 힘들지 모르는 조언을 하려고 한다. 혼자 일해라. 혼자서 일하면 혁명적이고 특색 있는 상품을 디자인할 수 있을 것이다."

그는 성격도 성격이지만 무엇보다도 "혼자 일할 때 가장 잘한다"고 말한다. 미하이 칙센트미하이가 이렇게 말했다. "어떤 것이든 훈련하는 데는 혼자 있음의 시간을 견딜 수 있어야 하고, 그 시간을 온전히 자신의 것으로 이용할 수 있어야 한다"고 말이다.

문제를 오래 물고 늘어지는 힘

하느님이 키우지 않으면 땅에서도 자라지 않는다.
| 러시아 속담 |

하늘은 스스로 돕는 자를 돕는다.
| 동양 속담 |

언뜻 보면 비슷해 보이는 이 두 속담의 차이는 현저하다. 러시아 속담으로 표현된 서양의 문화는 봉건제가 고스란히 반영된 숙명론적이고 어찌보면 비관주의적인 성격까지 담긴 속담이라고 할 수 있다. 하지만 동양의 이 속담은 열심히 일하면 하늘도 감동해 언젠가 보상을 받는다는, 주체자의 의지와 능동성이 훨씬 강하게 담겨 있다.

아이오와대학에서 중국사를 가르치고 있는 역사학자 데이비드 아르쿠시는 동서양의 성실함과 열심히 일하는 사회·문화적 차이를 동양의 아이들이 학업성취도가 더 높은 이유의 배경으로 설명하고 있기도 하다. 말콤 글래드웰은 《아웃라이어》에서 각국의 평균 수업 일수를 비교하면서(미국의 수업일수는 약 180일이다. 한국의 수업일수는 220일, 일본의 수업일수는 243일이다) "1년 내내 해뜨기 전에 일어나야 한다"고 생각하는 동양의 사회문화적 토양에서 3개월이나 학교에 가지 않는 긴 방학을 용납할 수 없다고 말한다.

국제수학과학성취도 국제비교연구는 전 세계의 아이들이 참가해 4년마다 실시되는 수학과학시험이다. 42개국 23만 명을 대상으로 실시된 2011년 가장 최근의 시험 결과 한국, 싱가포르, 대만, 일본과 같은 아시아 국가들이 순위[20]에 올랐는데, 아시아권 국가들이 상위권을 점하는 것은 지속적으로 나타나고 있는 현상이다.

이 시험을 보며 아이들은 수학과 과학 시험문제뿐 아니라 다른 설문 내용도 작성해야 한다. 부모의 교육수준, 수학과 과학에 대한 흥미도와 자신감, 집에 책이 얼마나 많은지 등 120가지의 온갖 질문이 포함되어 있다. 너무 질문이 많은 탓에 적지 않은 학생들이 10~20개를 대답하지 않고 넘겨버린다.

하지만 펜실베니아대 교육학 교수인 얼링 보는 설문에 더 많이 답하는 학생들이 수학과학성취도 국제비교연구시험에서도 더 좋은 결과를 낸다는 것을 밝혀냈다. 단순한 연관성 정도가 아니라 둘이 같은 것이라고 말한다. 즉, 성적이 뛰어난 학생들은 수학과 과학 문제를 해결하는 데 필요한 인지능력뿐만 아니라, 인내심과 집요함과 같은 다른 특성이 존재한다는 것이다.

동서양의 인내심과 관련된 또 다른 연구결과가 있다. 스탠포드대 교수이자 교차문화 심리학자인 프리실라 블링코는 초등학교 1학년생 일본인 어린이와 미국인 어린이를 대상으로 매우 어려운 퍼즐을 내주고 그 문제를 언제까지 풀고 있는지 측정하는 실험을 해보았다. 물론 선생님이나 다른 아이들의 도움은 철저히 배제했다. 그 결과 퍼즐을 중단하기까지 소요된 시간이 미국 어린이는 평균적으로 9.47분인 데 반해, 일본 어린이는 13.93분이 소요된 것으로 나타났다. 일본 어린이들이 미국 어린이들에 비해 40퍼센트 정도 오랫동안 버틴 것이다.

국제수학과학성취도 국제비교연구의 번외 질문지와 프리실라 블링코의 퍼즐 테스트 결과는, 인내심과 끈기와 같은 고전적인 미덕이 성취와 밀접한 연관이 있음을 보여준다. 오래 물고 늘어지는 끈기와 인내와 관련해서 아인슈타인도 그의 세기적인 발견에 대해 이렇게 답했다고 한다. "그건 내가 아주 똑똑해서가 아니라, 문제를 오래 물고 늘어져서다."

위대한 기업을 일군 최고 단계의 리더십

"나는 내가 거물처럼 비치길 원치 않습니다."

"이사회에서 그런 대단한 후계자들을 선택하지 않았더라면 당신이 오늘 이렇게 날 만나 이야기하고 있지도 않을 겁니다."

"내가 그렇게 유능했다고요? 아, 그건 너무 이기적인 말처럼 들리는데요. 내 생각엔 난 그런 찬사를 받을 자격이 없어요. 우리가 축복을 받아 훌륭한 사람들을 얻었던 거지요."

"이 회사에는 나보다도 내 일을 더 잘할 수 있는 사람이 많습니다."

《좋은 기업을 넘어 위대한 기업으로》에 나오는 '위대한' 기업들의 최고경영자들이 자기 자신에 대해 말한 내용들이다. 이 책의 저자인 짐 콜린스는 '좋은' 기업 정도가 아니라 '위대한' 기업을 일군 회사의 최고경영자들의 공통된 성격과 자질을 분석해 '레벨5 리더십'이라는 개념을 만들어냈다. 그가 말하는 '레벨5 리더십'은 과시나 카리스마가 아니라 극도의 겸허함과 해야 할 일을 해내는 강렬한 직업적 의지를 말한다.

5단계 계층 구조

- **1단계: 능력이 뛰어난 개인** 재능과 지식, 기술, 좋은 작업 습관으로 생산적인 기여를 한다.
- **2단계: 합심하는 팀원** 집단의 목표달성을 위해 개인의 능력을 발휘하며, 구성된 집단에서 다른 사람들과 효율적으로 일한다.
- **3단계: 역량 있는 관리자** 이미 결정된 목표를 효율적으로 추구할 수 있는 방향으로 사람과 자원을 조직한다.
- **4단계: 유능한 리더** 저항할 수 없는 분명한 비전에 대한 책임 의식을 고취시키고 그것을 정력적으로 추구하게 하며, 보다 높은 성취 기준을 자극한다.
- **5단계: 레벨5의 경영자** 개인적 겸양과 직업적 의지를 역설적으로 융합하여 지속적으로 큰 성과를 일구어낸다.

짐 콜린스는 위대한 기업의 최고경영자들의 성격이 어떠어떠할 것이라고 처음에 상정하고 조사를 했던 것이 아니었다. 조사를 시작했을 때 그가 알고자 했던 것은 위대한 기업들이 경쟁사보다 어떤 특징들 때문에 뛰어나게 되었는가를 파고드는 것이었다. 하지만 조사를 하는 과정에서 최고의 기업들의 공통점을 분석해보니 리더의 예상 밖의 성격이 눈에 확 들어온 것이다.

레벨5의 리더들은 자신의 욕구를 자기 자신한테서 떼어내 큰 회사를 세우는 보다 큰 목표로 눈을 돌린다. 단계5의 리더들이 자아나 이기심이 없는 것이 아니다. 그들은 실로 믿을 수 없을 만큼 야심적이다. 그러나 그들의 야심은 자기 자신이 아니라 조직에 최우선으로 바쳐진다.

이런 리더들과 함께 일하거나 그들에 대해 글을 쓴 사람들은 한결같이 '조용하다, 겸손하다, 소박하다, 말이 적다, 수줍음을 탄다, 품위 있다, 온화하다, 자기를 내세우지 않는다, 절제되어 있다'는 등의 단어나 표현으로 그들을 묘사한다. 짐 콜린스가 말하는 '위대한' 기업의 최고경영자들이 보여준 리더십에 대한 메시지는 분명하다. 회사를 바꾸는 데 거인 같은 사람은 필요하지 않다. 기업에 필요한 사람은 자신의 에고(ego)로 똘똘뭉친 사람이 아니라 자신이 경영하는 기업을 키우는 리더라는 것이다.

레벨5의 리더들은 일이 잘 풀릴 때에는 창문 밖을 내다보면서 자기 자신 외의 요인들에 찬사를 돌린다(그리고 찬사를 돌릴 특별한 사람이나 사건을 찾을 수 없을 경우에는 행운 탓으로 돌린다). 일이 잘 풀리지 않을 때에는 거울을 들여다보며 자신에게 책임을 돌리고 결코 운이 나쁜 걸 탓하지 않는다. 반면 비교

기업의 리더들은 정반대의 행동을 보인다. 그들은 결과가 좋지 않을 때에는 창문 밖을 내다보면서 자기 자신 외의 무엇이나 누군가에게 책임을 돌리고, 일이 잘될 때에는 거울 앞에서 우쭐대면서 자신에게 찬사를 돌린다.

레벨5의 자질을 지닌 리더들의 행동처럼 찬사는 행운과 외부로 돌리고, 문제가 발생하면 자신에게 책임을 돌리면서 성찰하는 자질이 그들을 최고의 기업의 리더로 우뚝 세웠다.

'독립의 고통'을 이겨내라

재능은 고독 속에서 가장 잘 성장한다.
| 괴테 |

1952년 필라델피아 스와스모어대학의 한 연구실에서 미국 사회심리학의 선구자로 일컬어지는 솔로몬 애시는 하나의 실험을 실시했다. 그들이 제작한 한 장의 카드에는 직선이 하나 그어져 있었고, 두 번째 카드에는 세 개의 직선이 그어져 있었다. 두 번째 카드에 그려진 세 개의 직선 중 하나는 처음 카드에 그려진 직선과 길이가 같고, 나머지 두 개는 전혀 다른 길이로 그려져 있었다. 애시와 그의 동료들은 피험자에게 직선이 하나 그려진 카드와 세 개 그려진 카드를 차례로 보여주고, 두 번째 카드에 그려진 세 개의 직선 중에서 첫 번째 카드의 직선과 길이가 같은 선을 골라내라는 과제를 주었다.

애시는 연구진 중 방해꾼 두 사람을 피험자군에 몰래 끼어들도록 했다. 그래서 실제 피험자가 앞과 동일한 과제를 수행할 때마다 두 가짜 피험자들이 약속한 대로 동일한 오답을 자신 있게 큰 소리로 답하도록 정해놓았다. 이런 상황에서도 피험자가 자신의 소신을 굽히지 않는지 보고자 한 것이었다.

그 결과 놀랍게도 피험자의 절반 가까이는 눈에 빤히 보이는 정답 대신 가짜 피험자들이 우기는 직선을 답으로 제시하였다. 피험자들은 처음에는 가짜 피험자들의 답변을 못 믿겠다는 듯 자세히 쳐다보고 고개를 갸우뚱거리기도 하였지만, 결국 다수의 의견을 따라간 것이었다.

에머리대학교의 신경학자 그레고리 번스는 이런 것을 두고 '독립의 고통'이라고 부른다. 집단이 명확하게 틀렸음에도 개인이 홀로 거기에 맞서려고 할 때, 집단과 다른 입장을 취할 때 느껴지는 두려움과 고통이 있다는 것이다. 그래서 독립의 고통을 회피하기 위해 잘못된 선택을 하고 올바른 선택을 피한다는 것이다. 이처럼 인간에게는 독립적으로 혼자 있으려고 하는 것을 회피하려는 본능이 매우 강하다. 하지만 그런 독립의 고통을 피하지 않고 정면으로 맞닥뜨려야 할 때 비로소 앞으로 나아가는 성장을 할 수 있다.

> 당시 나는 고독이 극에 도달해 있었다. … 그 외로웠던 시절, 요즘과 같은 압박감이나 분망한 일이 없었던 그 시절을 돌이켜보면 영광스러운 '영웅시대'처럼 느껴진다. 나의 '찬란한 고독'에는 분명 장점도 있고 매력도 있었다.
> | 지그문트 프로이트 |

혼자서 뭔가 하는 것을 끔찍이 싫어하는 사람들이 있다. 그들은 혼자 있는 것을 두려워한다. 일하기 위해 공부하기 위해 연습하기 위해 혼자만의 공간으로 들어간다는 생각만으로도 그들은 고통스러워한다. 처음에는 혼자 있으면 몸이 경직되다가 나중에는 아예 혼자만의 공간에 들어가는 것 자체가 두려워지는 경우도 있다.

그런데 창조적인 사람을 죽이는 것은 고독이 아니다. 목적 없는 고독이다. 목적이 없기 때문에 혼자 있는 시간을 견디지 못하는 것이다. 따라서 고독에 대한 내성을 쌓기 위해서는 목표가 필요하다. 고독은 창조의 피할 수 없는 일부분이다. 그로 인해 얻게 되는 자립은 행복한 부산물이 된다.

일반적인 성인의 경우 하루 중 깨어 있는 시간의 3분의 1 정도를 혼자서 보낸다고 한다. 너무 많은 시간을 혼자서 보내는 사람도 그렇지만 혼자 있는 시간이 너무 적은 사람도 문제가 있다. 심리학자 미하이 칙센트미하이는 예술, 과학, 사업, 정부 각 부문에서 비범할 정도로 창조적인 사람 91명의 삶을 1990년부터 5년 동안 연구했는데 창조적인 사람들 상당수가 청소년기에 사회적으로 주변부에 머물렀다는 것을 알게 되었다. 이는 자신들이 강렬하게 호기심을 가지는 관심사에 빠져 지내느라 또래 친구들과 지내는 시간을 상대적으로 소홀하게 보냈다는 것이다. 달리 말하자면 혼자 있는 시간을 잘 보내는 사람이 재능을 개발하고 큰 성취를 이룰 가능성이 높다는 것이다. 이러한 조사결과와 관련해 칙센트미하이는 이렇게 말한다.

"우리가 살아가는 시대는 고독을 즐기든 즐기지 않든 어느 정도 외로움을 견디며 살아가야만 하는 시대다. 수학공부, 피아노 연습, 삶의 의미에 대한 사색은 다른 사람들 속에서는 아무래도 하기 어려운 활동이다. 생각을 모으려면 집중력이 필요한데 주변의 불필요한 말 한마디에, 다른 사람에게 주목해야 할 피치 못할 사정 때문에 좀체 집중할 수가 없다. 복잡한 학습에 요구되는 정신적 에너지가 턱없이 부족하다. 머리가 아무리 좋아도 혼자 있는 걸 싫어하면 자기가 가지고 있는 재능을 개발할 수가 없다."[21]

독일 출신의 영국 심리학자 한스 아이젱크는 인간의 성격 차원적 요인의 특징을 측정하는 성격이론을 개발한 학자다. 그는 "내향적인 사람들은 홀로 일하기를 좋아하고, 고독은 혁신의 촉매제가 될 수 있다"고 주장한다. 혼자 있는 시간을 잘 통제할 수 있어야 자기 일에 집중하게 하고, 일과 무관한 다른 것들에 에너지가 흩어지지 않도록 방지한다는 것이다.

조선시대 최고의 유학자 율곡 이이도 홀로 있을 때도 삼가서 도리에 어그러진 일을 하지 아니하는 '신독(愼獨)'을 최고의 덕목으로 삼았다. "도에 들어서기 위한 가장 긴요한 수련이 신독"이라며 "홀로란 말은 왕래가 없는 고요한 장소만을 의미하는 것이 아니라 의지가 싹트는 자신의 마음속 자리를 가리킨다"고 했다. 혼자 있는 고독함의 시간을 잘 관리하고 즐길 줄 아는 성향을 가진 사람만이 큰일을 할 수 있다는 것이다.

뇌
과학이
증명하는
양질
전환의
법칙

7

"당신들이 수학 때문에 아무리
고생한다고 해도 나만큼
고생하지는 않았을 거야."

아인슈타인

런던의 택시운전사는 뇌가 다르다

과거에는 청소년기가 되면 뇌는 더 이상 성장하지 않고 지성이 결정된다고 믿었다. 그러나 뇌 연구가 활발히 진행되면서 한 가지 사실만은 분명해졌다. 인간의 뇌는 무언가를 배울 때마다 변한다는 것이다. 두뇌피질에 세포가 추가되진 않지만, 새로운 것들을 배울 때마다 뉴런들 사이의 연결 상태가 달라진다.

런던의 택시운전사들은 자부심이 대단하다. 런던에서 택시기사 면허증을 받으려면 약 2만 5천 개의 도로와 수천 개의 광장을 반드시 알고 있어야 한다. 이것을 모두 익히고 배우는 데 족히 3~4년은 소요된다. 이런 엄격하고 까다로운 단계의 시험을 통과해야만 면허증을 발급받을 수 있기에 그들이 자부심을 가질 만도 하다.

2006년, 영국 유니버시티칼리지런던의 과학자들은 택시기사 18명과 버스기사 17명의 뇌를 다년간에 걸쳐 조사한 결과를 발표했다. 연구에 따르면 런던의 택시기사들은 나이, 학력, 운전 경험, 지능 등에서는 큰 차이가 없었지만 택시기사들의 미엘린이 버스기사보다 두텁게 나타났다는 것이다. 미엘린은 뉴런과 신경섬유 사이의 정보를 빠른 속도로 전송해주는 역할을 하는데, 이는 2차선 도로보다 8차선 도로에서 더 빠른 속도로 목적지까지 갈 수 있는 원리와 비슷하다.

그런데 이 미엘린은 반복적인 작업과 훈련에 의해 점층적으로 강화된다는 특징이 있었다. 특정 피아노 건반을 특별한 방식으로 치는 연습을 수없이 반복하면 손가락을 통제하는 뇌의 신경 섬유 주변에 서서히 미엘린이 만들어진다. 음악이나 스포츠에서와 마찬가지로 택시운전에서도 이처럼 미엘린이 만들어지려면 수백만 번의 반복이 필요하다. 다시 말해 미엘린 생성과정은 오랜 연습과정과 정확히 일치한다.

정해진 노선만 다니는 버스 기사와 달리 택시 기사들은 장소를 탐색하고, 기억해내면서 '훈련'을 하고 있었던 것이다. 이렇게 성인이 된 후에도 정신적인 훈련으로 뇌의 구조와 크기가 변화된다는 것에 신경과학자들도 매우 놀라워했다. 유니버시티칼리지런던의 인지신경과학 연구소 및 해부학교실의 존 오키프 교수는 바로 이 해마 속에서 장소를 찾게 도와주는 해마의 장소세포와 격자세포를 발견해 2014년 노벨 생리의학상을 수상했다. 영국의 생의학 연구기관인 웰컴트러스트재단의 엘리노어 맥과이어 박사는 이와 관련해 이렇게 말한다.

"인간의 뇌는 성인이 된 후에도 새로운 기술이나 지식을 습득할 때마다 수시로 변한다. 이것은 노년에 새로운 무언가를 배우려는 사람들에게 희소식이 아닐 수 없다."

이것은 쥐 실험을 통해 확인된 사실이기도 하다. 쥐에게 몇 가지 임무를 수행하도록 훈련시키면 뇌에 변형이 생긴다. 뉴런의 개수가 늘어나는 건 아니지만 무언가를 배우면서 뉴런의 연결 상태가 달라지는 것이다. 다시 말해서 두뇌는 학습을 통해 얼마든지 개선될 수 있다는 것이다.

캐나다의 심리학자 도널드 헵 역시 "훈련을 많이 할수록 그 부분에 해당하는 뉴런들이 더욱 강력하게 연결된다"는 사실을 확인했다. 즉 훈련을 많이 할수록 작업이 더 쉬워진다는 것이다.

학습(學習)에서 '습(習)'의 중요성

2000년에 개봉한 크리스토퍼 놀란 감독의 '메멘토'라는 영화가 있다. 메멘토는 우리 말로는 '(사람·장소를 기억하기 위한) 기념품' 정도로 번역하는 단어다. 전직 보험수사관이었던 주인공 레너드는 자신의 아내가 누군가에 의해 성폭당하고 살해당한 충격으로 기억을 10분 이상 지속시키지 못하는 단기 기억상실증에 걸린다. 즉, 자고 일어나면 그 전날 기억이 사라지고 아내가 살해당한 그 순간의 기억으로만 되돌아가버리는 것이다.

원래 단기기억이 장기기억으로 넘어가는 과정은 '정신적 리허설'을 통해 이루어지는데, 주인공 레너드의 경우에는 두뇌의 파괴로 인해서 그 중간의 연결고리가 끊어져버렸기 때문에 장기기억을 하지 못하는 것이다. 그가 매일 아침 모텔에서 일어나서 겪는 모든 사건들은 자고 일어나면 다시 기억하지 못하지만, 아내가 살해당하던 날까지의 기억만은 또렷하게 잘 기억하고 있는 것이다. 레너드는 기억상실증을 극복하고 아내를 살해한 범인을 찾기 위해 자신의 몸에 새긴 문신, 메모, 폴라로이드 사진 3가지에 의존하여 그 전날의 기억을 추론하고, 만나는 사람들을 믿을 수 있는지 없는지를 구별해낸다. 문신, 메모, 사진이 영화의 제목인 '메멘토'가 되는 것이다. 하지만 주위 사람들은 레너드의 기억상실증을 악용해 오히려 자신들에게 유리하도록 유도한다.

이 영화는 인간의 기억 과정에 대해 새로운 고찰을 하게 한다. 장기기억이 망가진 그에게 문신과 메모, 사진은 '정신적인 되새김'이 되는 것이다. 머리에 장기기억이 새겨지지 않으니 다른 방식으로 되새김을 하는 것이다. 외부적인 엄청난 충격과 같은 사건기억이 아닌 경우, 되새김은 장기기억을 위한 가장 일반적이고 확실한 방법이다. 이 되새김이 바로 습(習)이다.

우리가 단기기억을 장기기억으로 기억하기 위해서는 인출과 재생이라는 과정을 통해 정보를 반복적으로 사용함에 따라 관련 정보 사이의 결합이 계속 견고해져야 한다. 정보 재생이 반복되면 정보결합력이 증가하고, 관련 있는 정보들끼리 묶어주는 과정인 기억 경화(硬化)가 이루어져서 시간이 지나도 잘 잊혀 지지 않게 되는 것이다.

따라서 무언가를 처음 배울(學) 때에는 낯설고 서툴 수밖에 없지만, 반복적으로 익히고 되새기는 과정(習)을 거치게 되면 단기기억의 영역에 있던 학(學)의 내용이 장기기억으로 넘어가게 되어 오래 기억에 남게 된다. 학습(學習)에서 학(學)의 기억은 받아들인 대뇌피질사이의 연관관계가 미약한 단기기억이다. 반면에 그 정보를 인출하고 재생하는 반복을 거친 습(習)의 기억은 대뇌피질사이의 연관관계가 긴밀해진 장기기억이 되는 것이다. 이러한 기억의 기본원리(단기기억에서 장기기억으로) 및 반복훈련의 중요성 과학적으로 밝혀낸 일련의 과정에 대한 연구가 최근 몇 년간 활발히 진행 중이다.

폭발적인 뇌 성장의 비밀, 미엘린

영국 옥스퍼드대 임상신경학과 하이디 요한센버그 교수는 "사람이 기술을 배울 때 돌기교세포는 미엘린을 만든다"며 "미엘린이 많이 생기면 그만큼 뉴런의 신호전달 속도가 빨라지기 때문에 더욱 그 일을 능숙하게 할 수 있다"고 말했다. 연구팀은 저글링을 할 줄 모르는 48명을 모았다. 이들을 24명씩 2개의 그룹으로 나누어 한 그룹만 저글링을 가르쳤다. 이들은 매일 30분씩 저글링 연습을 했고 1주에 한 번씩 개인교습을 받았다. 6주가 지난 후 실험참가자들의 뇌를 자기공명영상(MRI)으로 관찰했더니 저글링을 연습한 사람들은 모두 뇌구조가 변해 있었다. 미엘린이 생성돼 뇌의 백색물질(뇌의 조직이며 정보를 전달하는 통로로 알려져 있다)이 증가한 것이다.

미엘린 역할에 대한 실마리는 1980년대 중반, 쥐와 장난감 덤프트럭으로 진행한 실험에서 발견되었다. 일리노이대학교의 빌 그리너프 교수는 쥐들을 세 그룹으로 나누고 각각 다른 방식으로 길렀다. 첫 번째 그룹의 쥐는 다른 쥐와 고립된 채 커다란 플라스틱 신발 상자에서 혼자 살았다. 두 번째 그룹의 쥐는 다른 쥐와 같이 지냈지만 역시 신발 상자에서 살았다. 세 번째 그룹의 쥐는 좀 더 호사를 누렸다. 다른 쥐와 같이 지낸 것은 물론이고, 가지고 놀 장난감까지 주어졌다. 쥐들은 덤프트럭 장난감을 좋아했는데, 나중에는 덤프트럭의 레버를 어떻게 작동하는지 알아낼 정도로 열심히 가지고 놀았다.

두 달 후 그리너프 교수는 쥐들의 뇌를 부검했더니, 다른 그룹과 달리 대접받고 자란 쥐의 시냅스 수가 25퍼센트 증가한 것을 발견했다. 그러나 그리너프 교수가 발견한 또 다른 사실은 과학계의 주목을 거의 받지 못했다. 대접받고 다른 쥐의 뇌에서 25퍼센트 증가한 것이 또 있었다. 바로 미엘린이라는 백색물질이었다. 그리너프 교수는 이렇게 말한다.

"우리는 미엘린을 무시해 왔습니다. 사람들은 그게 별로 중요하지 않다고 생각했죠. 하지만 이제는 거기서 대단한 일이 벌어지고 있

다는 게 확실해졌어요."²²

그럼에도 20세기까지 가장 많은 관심이 쏠린 분야는 여전히 뉴
런과 시냅스였다. 그러던 2000년, 두뇌에서 물의 흐름을 추적해 뉴런
네트워크를 확인할 수 있는 장치인 확산텐서영상(Diffusion Tensor
Imaging, DTI)이라는 획기적인 신기술이 나오면서, 신경과학계는 생
명체의 뇌 속에 있는 미엘린을 측정하고 이미지로 나타낼 수 있게 되
었다. 난독증, 자폐, 주의력결핍장애, 외상후스트레스장애 등과 같은
다양한 질환은 물론이고 병리학적인 거짓말까지도 미엘린의 구조적
결핍과 관련되어 있음이 밝혀졌다.

대부분의 경우 미엘린과 질병의 연관성을 위주로 연구되었지만
미엘린이 일반 사람들에게 미칠 수 있는 영향에 대한 조사를 시작한
학자들이 있었다. 연습과 미엘린의 관계를 밝히는 연구결과가 나오
기 시작한 것이다.

2000년, 매년 노벨 생리의학상을 결정하는 스웨덴 스톡홀름뇌
연구소의 토르켈 클링버그 인지신경학과 교수는 글을 읽는 능력과
백색물질의 연관성을 처음 발견했다. 2005년 스웨덴 카롤린스카연구
소의 신경과학자이자 피아노 연주자인 프레드릭 울렌은 여러 피아니
스트의 뇌를 스캐닝한 결과 연습량과 백색 물질의 증가가 정비례한
다는 사실을 발견했다. 2005년 미국 신시내티아동병원에서 5~18세
의 정상 아동 47명을 대상으로 실험한 결과 백색물질의 양이 많아지
고 밀도가 높아질수록 IQ가 높아진다는 사실을 발견했다.

그리고 2006년 미국국립보건원 산하 발달신경생물학연구소 소
장인 더글러스 필즈 박사는 〈뉴런〉에 발표한 논문에서, 돌기교세포나
별교세포 같은 신경교세포들이 신경회로에 신호가 발사된 것을 감지

하면 신경섬유를 미엘린층이 두껍게 감싸는 반응을 보인다고 설명했다. 신경섬유 주위의 미엘린층이 두꺼워질수록 신호는 더 빨리 전달되는데, 절연되지 않은 섬유를 통해 이동하는 신호보다 최대 100배나 빠른 속도로 전달된다.

연습할수록 뇌의 처리속도가 빨라진다

요즘 신경과학자 중에는 미엘린을 성배처럼 떠받드는 사람이 많다. UCLA 신경정신과 조지 바조키스 교수와 미국국립보건원 산하 발달신경생물학연구소 소장인 더글러스 필즈 박사가 그런 사람들이다. 그들은 미엘린을 두고 혁명적인 물질이라고 말한다. 바조키스는 미엘린에 대해 이렇게 말한다.

"미엘린은 말하기, 읽기 등 학습능력 향상에 핵심적인 역할을 한다. 아니, 인간으로 살아가는 데 없어서는 안 될 물질이라고 해야 더 정확하다."[23]

기존의 뇌연구에서 학습행동반응에 대한 핵심적인 역할을 하는 것은 신경세포인 뉴런과 불안정한 그물 형태로 연결되어 있는 신경섬유들, 그리고 그 신경섬유들이 서로 접촉하여 자극을 전달하는 통로로 알려진 시냅스라고 알고 있었다. 그런데 필즈와 바조키스를 비롯한 이들의 미엘린에 대한 연구 이후로, 전통적인 뉴런 중심의 세계관은 대대적인 사고 혁명을 맞이하고 있다. 새로운 연구는 인간 뇌의 기능, 특히 스킬 습득·강화 과정에서 핵심적인 역할을 하는 것은 바로 미엘린이라는 것이다. 그들에 따르면 두뇌는 태어나서 성인이 될 때까지 네 배 가까이 성장을 하는데 그 성장의 대부분은 미엘린에 의해 유도된다는 것이다. 사람은 갓 태어나면 미엘린의 양이 지극히 적지만 성장할수록 미엘린층이 급격히 두꺼워진다.

최고의 골프선수든 음악 연주자든 모든 사람의 역량은 미세한 전기신호가 사슬처럼 연결된 신경섬유 회로를 통해 이동함으로써 습득된다. 이 과정에서 미엘린은 축삭돌기(Axon)라는 신경섬유를 감싸는 절연체 역할을 한다. 마치 전기 신호가 새지 않도록 구리선을 고무피복으로 감싸 신호를 더 강하고 빠르게 만드는 원리와 같다. 신경세포체인 뉴런이 컴퓨터라면 모든 활동의 속도와 정보를 조절하는 미엘린은 일종의 인터넷인 셈이다. 반복된 훈련은 미엘린층을 더 두껍게 만든다. 골프 스윙을 연습하거나 모차르트의 곡을 연습할 때 회로에 신호가 발사되면 미엘린이 신경회로 주위를 겹겹이 감싸면서 절연층을 만든다. 한겹 한겹 늘어날 때마다 조금씩 실력이 향상되고 속도도 빨라진다. 미엘린층이 두꺼워질수록 절연 효과가 커지며, 연습하는 생각과 동작도 더 빠르고 정확해진다. 조지 바조키스는 이러한 일련의 과정들을 이렇게 표현한다.

"연습을 할 때 두뇌 속에서는 신경세포 뉴런과 미엘린을 생성하는 세포 사이에서 의사소통이 일어난다. 더 크고, 더 빠른 인터넷을 인간의 두뇌 속에 만드는 것과 같다. 두뇌 안의 모든 작용을 더 빠르게, 더 큰 단합을 시키는데 이는 뉴런의 더 많은 신호를 더 빨리 보낼 수 있다는 뜻이다."[24]

심화 연습을 집중적으로 하게 되면 어느 순간 두꺼워진 미엘린 덕분에 습득 속도가 그만큼 더 빨라진다는 것이다. 미엘린은 사람이라면 누구나 성장과정에서 형성되는 것이지만, 그것을 더 형성하고

안 하고는 바로 연습에 달려있다는 것이다. 사람들은 신체 운동을 할 때에는 일주일에 한 번으로는 별 효과가 없다는 걸 안다. 꾸준히 지속적으로 해야 운동은 효과를 발휘하는 것이다. 뇌도 마찬가지다. 즉, 뇌를 단련시키는 훈련을 꾸준히 해야 한다. 그렇지 않으면 효과를 보지 못한다.

어린 시절 독서는 어떻게 뇌를 바꿀까

아이들에게 책을 읽도록 시키면 뇌 구조를 변화시키고 행동조절과 관련이 있는 비만이나 뇌졸중 등의 문제도 해결할 수 있는 것으로 나타났다. 미국 피츠버그대학교 연구팀은 글을 잘 읽는 8~10세 어린이 25명과 잘 읽지 못하는 47명을 대상으로 뇌 영상 검사를 시행했다. 이 검사는 뇌의 백색질에 흐르는 물을 측정하는 것으로 뇌 구조를 파악하고 시간에 따른 변화를 비교할 수 있다.

그 결과, 읽는 데 문제가 있는 47명의 어린이들은 왼쪽 전두엽 미세구조 조직이 감소해 있는 것으로 나타났다. 연구팀은 이 47명 중 35명에게 6개월간 읽기능력 교정훈련을 실시했다. 훈련이 끝나고 다시 검사를 받았을 때 교정훈련을 받은 35명의 뇌에서 좌측 전두엽의 백색질이 증가했다.

이는 인지훈련이 뇌의 생물학적 구조에 변화를 가져올 가능성을 시사한다. 연구팀의 마르셀 저스트 박사는 "아이들이 훈련 과정을 반복하면 뇌신경의 축삭돌기를 자극해 미엘린을 생성하는 것으로 나타났다"며 "그렇게 되면 신경 신호 전달 속도가 10배 빨라지고 뇌가

보다 중요한 신호를 전달할 수 있다"고 밝혔다. 즉, 읽기 훈련으로 어린이들에게 미엘린이 강화될 수 있다는 실험결과가 나온 것이다.

나이가 들수록 뇌는 미엘린을 유지하는 일이 아주 어려워진다. 나이가 들면 실제로 미엘린이 파괴되기 시작한다. 그래서 그것을 계속 보수하면서 뇌의 신호들이 동시에 도착하게끔 동시성을 다시 만들려면 연습이 필요하다. 나이가 들수록 말 그대로 미엘린이 벌어지기 시작한다. 그래서 노인들은 젊었을 때보다 느리게 움직이는 것이다. 그들의 근육은 변하지 않는다. 하지만 근육에 보낼 수 있는 자극의 속도가 변한 것이다. 미엘린이 나이를 먹었기 때문이다.

불행 중 다행으로 자연스럽게 미엘린이 급증하는 현상은 30대에 끝나지만 전반적인 미엘린의 양은 50대까지 꾸준히 증가한다. 연습을 열심히 하면 미엘린층을 두껍게 만드는 능력을 계속 유지할 수 있다. 바조키스의 말이다.

"미엘린이 살아 움직이는 물질이라는 점을 명심해야 합니다. 항상 생성되고 소멸하죠. 마치 전쟁 같아요. 젊었을 때는 미엘린이 쉽게 생겨요. 50대가 되면 전반적인 균형이 소멸 쪽으로 기울죠. 하지만 미엘린이 계속 생길 수는 있어요. 미엘린의 해체가 진행되고 있더라도 여전히 새로 생길 수 있어요. 우리 생이 끝나는 날까지 가능하죠."

이런 이유 때문에 교육 수준과 알츠하이머 발병률은 상당한 관련이 있다. 교육을 많이 받은 사람일수록 회로가 두껍고 강력하므로, 알츠하이머의 초기 징후를 저지하는 데 더 효과적일 수 있다는 것이다. 최근 들어 동일한 원리를 바탕으로 한 논문이나 책이 쏟아져 나오는 것도 바로 이런 이유 때문이다 이런 수많은 연구가 기대고 있는 원리는 연습이 인지능력 감퇴를 막아준다는 것이다.

스탠리 큐브릭 감독의 영화 '스페이스 오디세이 2001'에는 인공지능을 가진 HAL9000이라는 컴퓨터가 나온다. 이 고성능 컴퓨터는 우주여행 중 편집증 증상을 보이며 자신을 제거하려는 승무원들을 하나씩 치밀하게 살해했다. 유닉스 언어를 개발하고 선마이크로시스템즈를 공동 창업한 빌 조이는 '미래는 우리를 필요로 하지 않는다'는 제목으로 〈위어드〉지에 2000년 4월 글을 썼다. "유전자 공학과 디지털 기술로 로봇에 사람의 뇌를 그대로 옮길 수 있다. 그러면 두뇌는 사람이고, 몸은 기계인 로봇이 탄생한다. 사람과 기계의 벽이 무너지는 시대가 오고 결국은 이것이 인류의 종말을 초래한다"고 경고하고 있다.

새로운 기술적 혁신의 소식에 우리는 무감각해지기 쉽다. 우리는 거의 매일 기술적 또는 과학적 진보에 관한 뉴스를 듣고 있기 때문이다. 나는 닥쳐올 위험에 대하여 이 길을 따라갈 때 현실화될 수 있는 나쁜 결과에 대해 좀 더 깊이 있는 이해가 필요하다고 생각한다. 사람의 뇌는 무언가를 배울 때마다 뉴런의 연결이 강화되면서 스스로 진화한다. 바로 이것이 컴퓨터와 인간 두뇌의 근본적인 차이점이다.

무엇보다도 컴퓨터와 인간의 차이는 '강화'의 차원에서 두드러지게 나타난다. 10마력의 능력이 있는 기계에 11마력의 부하를 주면 그 기계는 고장이 나지만, 10마력의 능력을 가진 인체에 11마력의 부하를 주면 그 인체는 11마력으로 능력치가 올라간다. 그것이 인간과 컴퓨터(기계)의 결정적인 차이다. 그 결정적인 차이를 설명하는 것이 미엘린이다.

아인슈타인의 평범한 뇌 속 독특한 물질

아인슈타인의 뇌는 1955년 사후 사실상 분실된 상태였다. 그가 사망했을 때 그의 부검을 맡았던 프린스턴대학병원의 의사 토머스 하비는 유족의 허락을 받지 않은 채 그의 뇌를 비밀리에 보존했다. 아마도 그는 아인슈타인의 뇌를 보관하고 있으면 훗날 천재의 비밀이 어떻게든 밝혀지리라고 생각했던 모양이다. 그 후 하비 박사는 아인슈타인의 뇌를 분석하여 보고서를 제출하겠다며 몇 년을 끌었는데, 뇌 전문가가 아니었기에 그는 애초부터 무리한 약속을 한 것이었다. 그 후 아인슈타인의 뇌는 포름알데히드로 가득 찬 유리병 속에 담긴 채 맥주 냉장고 속에 수십 년 동안 보관됐다. 이런 한편의 소설 같은 얘기는 역사적인 사실이다.

그러다가 스스로의 한계를 절감한 하비는 말년에 아인슈타인의 뇌를 240조각으로 잘게 썰어 그중 몇 조각을 원하는 연구자 몇 명에게 소포로 보냈다. 미국 캘리포니아대의 마리안 다이아몬드 박사는 그런 운 좋은 연구자 중 한 명이었다. 1995년도에 그녀는 아인슈타인의 좌뇌와 우뇌의 주요 부분을 종합적으로 분석했다. 그리고 아인슈타인의 뇌와 동일 연령의 남자 11명의 뇌의 똑같은 부분을 비교했다.

그렇게 관찰한 결과 아인슈타인의 좌측 하부 두정엽의 뉴런 수는 일반인과 비교해 차이를 전혀 발견할 수 없을 정도의 평균적인 수준이었다. 그러나 아교세포 수가 보통 사람들보다 두 배나 더 많다는 것을 발견했다. 당시 그 발견은 무의미하다 못해 거의 웃기는 소리로 간주되었다. 하지만 아교세포가 미엘린을 생산 및 유지하는 역할을 한다는 것이 나중에 밝혀졌다. 아인슈타인의 놀라운 천재성의 비밀이 두뇌의 미엘린에 있다는 놀라운 발견이 아인슈타인의 사후 40년이 지난 후에 밝혀진 것이다. 아인슈타인은 생전에 주변 사람들에게 이런 말을 자주했다.

"저는 특별한 재능이 없습니다. 단지 호기심이 강할 뿐이지요."

또한 그가 학창시절에 수학 때문에 고생한 것은 익히 알려진 사실인데, 동료 학자들에게 이런 말을 자주 했다고 한다.

"당신들이 수학 때문에 아무리 고생한다고 해도 나처럼 고생하지는 않았을 거야."

그의 이런 말과 뇌 분석의 결과는 우리가 천재라고 알고 있는 이들의 능력이 선천적인 것이 아니라 개발되고 훈련된 것임을 오늘 우리에게 얘기하고 있다.

초 기
침 묵 의
10 년

8

"초보자나 아마추어들은 주로
수동적이고 상향식 방식으로
연습하지만,
전문가들은 연습하는 동안
역동적인 집중을 결코 쉬지
않는다. 전문가들은 퍼포먼스의
특정한 부분을 개선시키기 위해
온전한 집중을 한다.
1만 시간은 단지 시간의 문제가
아니다. 피드백이 중요하고
'신중하게 계획된' 연습이어야
한다."

대니얼 골먼(심리학자, 경영사상가)

천재들의 슬럼프

카네기멜론대학 심리학과의 존 헤이스 교수는 1985년 《기본 과정을 가르치는 데 발생하는 세 가지 문제》라는 책에서 모차르트와 반 고흐와 같은 가장 재능 있는 작곡가와 화가들도 그들의 명성을 알리는 작품을 만들기 전에 수년간의 준비가 필요했다는 강력한 증거를 제출했다. 헤이스는 위대한 작곡가들 연구에 착수했다. 이들 작곡가들이 음악에 대해 처음 진지한 관심을 처음 시작했던 때 즉, 피아노 레슨을 처음 시작한 충분한 신상자료가 있었기 때문이다. 헤이스는 다양한 시기에 활동한 작곡가 76명을 대상으로 그들의 대표곡 500곡 이상의 목록을 작성했다. 대표곡의 기준은 조사 시기 기준으로 최소 5개 이상의 음반에 녹음된 것으로 하였다.

그 결과 작곡가가 경력 10년이 되기 전에 곡을 완성한 것은 단 세 작품뿐이었다. 그것도 8년이나 9년째 되는 해에 작곡한 작품이었다는 것을 확인했다. 76명의 작곡가 대부분은 음악에 대한 진지한 관심이 생긴 이후 약 10년 동안 사람들이 주목할 만한 작품을 거의 내놓지 못했다는 것 또한 확인할 수 있었다.

헤이스 교수는 가치 있는 무언가를 만들어내기 위해서는 꼭 거쳐 가야 하는 이런 준비 기간을 '초기 침묵의 10년'이라고 불렀다. 그리고 음악가의 창조 패턴이 평균적으로 '초기 침묵의 10년', 10년부터 25년까지에 '왕성한 작품 창작시기', 25년부터 약 45년까지 '안정적인 창작시기', 그 다음부터는 점차적인 '감소의 시기'로 나타나는 것을 밝혀냈다.

그는 같은 논문에서 131명의 화가를 대상으로 한 연구에서도 마찬가지 결과를 얻었다고 발표했다. 화가들의 대표 작품은 11개의 미술 역사책에 나온 것으로 선정했다. 화가들이 작품을 만들어 내는 패턴은 작곡가들에게서 관찰되었던 것과 유사하게 나타났다. 화가들이 좋은 작품을 내기까지의 준비 기간은 대략 6년으로, 작곡가들보다는 조금 짧지만 이 역시 결코 만만한 기간은 아니다. 그 다음 6년간은 생산성의 빠른 증가 시기, 이후 35년간의 안정적인 생산성, 그리고는 생산성 하락의 시기로 나타났다.

제한된 상황에서의 의사 결정 모델에 관한 이론으로 노벨 경제학상(1978년)을 수상한 허버트 사이먼과 그의 동료 윌리엄 체이스는 〈아메리칸 사이언티스트〉지에 1973년 '체스에서의 스킬'이라는 연구 결과를 발표한다. 이 연구에서 그들은 '10년 정도의 집중적인 훈련 과정'을 거치지 않고 체스의 최고의 경지인 그랜드마스터에 오르는 경우는 없었다는 것을 확인했다. 한 명의 선수가 그랜드마스터 수준의 경기를 하기 위해서는 대략 5만 가지 체스 패턴을 알 필요가 있다고 설명하면서, 그랜드마스터가 되는 데는 1만 시간에서 최대 5만 시간 동안 체스를 연습을 해왔음을 확인했다. 또한 중하위 등급인 클래스 A에 해당하는 선수들도 최소 1천 시간에서 5천 시간을 연습을 해왔다는 것을 확인했다.

1972년부터 1975년까지 세계 체스 챔피언 타이틀을 차지해서 당시 미국의 영웅으로까지 불렸던 바비 피셔도 당연히 이들의 주된 관심의 대상이었다. 그 역시도 여섯 살 때 체스를 처음 배운 뒤 집중적인 체스 훈련으로 10년을 보낸 뒤에야 그랜드마스터가 될 수 있었다. 그랜드마스터가 되고 다시 10년이 더 지난 후인 1972년, 그는 세계 체스 챔피언이 되었다. 이러한 조사 결과를 바탕으로 그들은 최고의 기량을 만들기까지 최소 10년의 기간이 걸린다는 의미로 10년 법칙을 제안했다.

하버드대 교육심리학자인 하워드 가드너는 다중지능이론의 창시자다. 다중지능에 의하면 인간은 IQ처럼 하나의 지능을 갖고 있는 것이 아니라 음악지능, 논리수학지능, 공간지능, 언어지능, 신체운동지능, 인간친화지능, 자기성찰지능, 자연친화지능 등 여덟 가지 지능이 있다는 것이다. 그리고 일반적인 사람이라면 이런 재능들을 어느 정도씩은 가지고 있고, 개인마다 기술 수준과 그에 따른 특성이 다르다는 것이다. 또한 인간의 인지능력이 각 개별 지능의 능력, 재능, 정신적인 기술의 조합을 통해 더 잘 발휘된다고 주장한다.

가드너는 위의 다중 지능을 각 분야별로 대표한다고 할 수 있는 심리학, 물리학, 미술, 음악, 시, 무용, 정치 분야에서 위대한 업적을 남긴 일곱 명의 창조적 거장들(지그문트 프로이트, 알버트 아인슈타인, 파블로 피카소, 이고르 스트라빈스키, T. S. 엘리엇, 마사 그레이엄, 간디)을 심도 있게 연구한 그의 책《열정과 기질》에서 이렇게 말한다.

어느 분야의 전문 지식에 정통하려면 아무리 열광적으로 몰두했더라도 '최소한 10년 정도'는 꾸준히 노력해야 한다. 창조적인 도약을 이루기 위해서는 자기 분야에서 통용되는 지식에 통달해야 한다. 바로 이런 이유에서 10년 정도의 꾸준한 노력이 선행되지 않으면 의미 있는 도약을 이룰 수 없다. 우리가 음악 천재라고 알고 있는 모차르트 역시 10년간 수많은 곡을 쓴 다음에야 훌륭한 음악을 연달아 내놓을 수 있었다. 우리가 다루는 일곱 명의 창조자들 역시 혁신적인 업적을 이루기 전 최소한 10년의 수련기간을 거쳐야 했다. 물론 더 오랜 세월이 필요한 인물도 있을 것이다. 그리고 대다수는 또 다

른 10년 후에 다시 한 번 중대한 혁신을 이루었다.[25]

이처럼 음악, 미술, 과학, 스포츠, 비즈니스 등 모든 분야에서 최고의 경지에 이른 이들은 최고의 성과를 나타내기까지 수년의 강도 높은 준비 기간을 거쳤다. 아르키메데스의 유레카의 순간이나 만유인력의 발견과 같은 역사적인 발견 또한 그렇다. 최고의 성과는 어느 날 갑자기 나타나는 일이 아니다. 이들은 모두 예외 없이 오래고 고된 준비기간을 거쳤다.

세계 최고의 피겨스케이팅 선수들과 10년 법칙[26]

이처럼 10년 법칙은 많은 학자들이 각 분야에서 큰 발자취를 남긴 인물들에 대한 오랜 연구와 조사를 통해 밝혀낸 사실이다. 필자는 이러한 10년 법칙이 적용되는 사례를 찾다가 세계 피겨스케이팅 선수들의 개인별 기록에 스케이팅을 시작한 해가 있음을 발견하게 되었다. 즉, 현재 기준에서 스케이팅을 시작한 해를 역산해서 이들이 스케이팅을 얼마나 오랫동안 해왔는지를 알 수 있게 된 것이다.

다음 표는 세계 피겨스케이팅 여자부문의 순위다. 2015년 12월 기준으로 1위는 일본의 사토코 미야하라 선수다. 김연아 선수의 은퇴 이후의 상황이라 순위에 오른 한국 선수는 29위에 박소연 선수가 한 명 들어가 있을 뿐이다. 출생연도와 스케이팅을 시작한 연도는 각 개인별 리스트에서 별도로 취합한 것이다.

이 자료에는 순위에 올라와 있는 선수들이 피겨스케이팅을 첫

순위	점수	이름	국적	출생연도	데뷔 연도	경력 (년)	나이 (만)
1	4327	사토코 미야하라	JPN	1998-03-26	2002	13	17
2	4222	엘리자베타 뚝따미셰바	RUS	1996-12-17	2002	13	19
3	3673	엘레나 라디오노바	RUS	1999-01-06	2003	12	16
4	3538	그레이시 골드	USA	1995-08-17	2003	12	20
5	3468	안나 포고릴라야	RUS	1998-04-10	2002	13	17
6	3319	애슐리 와그너	USA	1991-05-16	1996	19	24
7	3088	리카 혼고	JPN	1996-09-06	2001	14	19
8	2950	율리아 리프니츠카야	RUS	1998-06-05	2002	13	17
9	2884	에브게니아 메드베데바	RUS	1999-11-19	2002	13	16
10	2836	카나코 무라카미	JPN	1994-11-07	1999	16	21
11	2553	폴리나 에드먼즈	USA	1998-05-18	1999	16	17
12	2552	마오 아사다	JPN	1990-09-25	1995	20	25
13	2429	커트니 힉스	USA	1995-12-15	2001	14	20
14	2415	엘레나 네오노바	RUS	1990-11-23	1993	22	25
15	2232	아델리나 소트니코바	RUS	1996-07-01	2000	15	19
16	2215	세라피마 사하노비치	RUS	2000-02-09	2004	11	15
17	2198	가브리엘 데일먼	CAN	1998-01-13	2002	13	17
18	2163	로베르타 로데히로	ITA	1990-04-07	1998	17	25
19	2068	알랭 차트란드	CAN	1996-03-26	2000	15	19
20	2068	미라이 나가수	USA	1993-04-16	1998	17	22

세계 피겨스케이팅 여자 선수 순위 (2015년 연말 기준)

시작한 해에 대한 데이터가 있다. 1~10위권 안에 든 상위권의 선수들은 모두 2005년 이전(가장 늦은 경우가 2003년)에 시작을 했으나, 하위권의 선수들은 2005년 이후 운동을 시작한 선수가 4명이나 되었다.

즉, 2015년을 기준으로 봤을 때 1~10위권 안에 든 상위권 선수들 가운데 10년 이하의 경력을 가진 선수는 단 한명도 없었으나 21~30위권을 선수들의 경우에는 10년 이하의 경력을 가진 선수가 2명이 있었다.

	1~10위권	21~30위권
평균 경력	13.8년	12.5년
10년 이하 경력자	0명	2명

세계 피겨스케이팅 여자 선수 순위별 경력

그리고 1~10위권 선수들은 평균 경력이 13.8년인 데 비해 21~30위권 선수들은 12.5년의 경력을 쌓은 것으로 확인되었다. 평균 경력 차이가 1년 이상 차이가 나는 것이다. 이러한 패턴이 남자 세계 피겨스케이팅 선수들에게도 나타나는지 확인해보았다. 옆의 표는 남자 세계 피겨스케이팅들의 순위 리스트다.

먼저 남자 선수들은 여자 선수들보다 경쟁이 훨씬 더 치열하다는 것을 알 수 있다. 이 자료에서는 언급하고 있지 않지만, 남자 선수들의 평균점수가 여자선수들보다 더 높고, 국가별로도 여러 나라에 걸쳐 골고루 분포되어 다양화되어 있다. 무엇보다도 선수들의 경력이 여자부문에 비해 평균 3~4년(17.5년 vs. 13.8년) 정도 더 길게 나타나고 있다.

세부적으로 보면 1~10위권 안에 든 상위권의 선수들은 한 명만 제외하고 모두 2000년 이전(1명은 2002년)에 운동을 시작했으나, 하위권의 선수들은 2000년 이후 운동을 시작한 선수가 다섯 명이나 되었다. 즉, 2015년을 기준으로 봤을 때 1~10위권 안에 든 상위권 선수

순위	점수	이름	국적	출생연도	데뷔연도	경력(년)	나이(만)
1	4905	하뉴 유즈루	JPN	1994-12-07	1998	17	21
2	4120	하비에르 페르난데스	ESP	1991-04-15	1997	18	24
3	3764	데니스 텐	KAZ	1993-06-13	1999	16	22
4	3680	세르게이 보로노프	RUS	1987-10-03	1991	24	28
5	3438	제이슨 브라운	USA	1994-12-15	1999	16	21
6	3380	막심 코프툰	RUS	1995-06-18	1999	16	20
7	3052	쇼마 우노	JPN	1997-12-17	2002	13	18
8	3051	타카히토 무라	JPN	1991-02-11	1994	21	24
9	2896	미칼 브레지나	CZE	1990-03-30	1997	18	25
10	2763	애덤 리폰	USA	1989-11-11	1999	16	26
11	2723	남 뉘엔	CAN	1998-05-20	2003	12	17
12	2634	다이스케 무라카미	JPN	1991-01-15	2000	15	24
13	2611	맥스 아론	USA	1992-02-25	1996	19	23
14	2606	미샤 제	UZB	1991-05-17	1994	21	24
15	2564	콘스탄틴 맨쇼프	RUS	1983-02-23	1989	26	32
16	2534	아디안 피트케에프	RUS	1998-05-16	2002	13	17
17	2523	패트릭 찬	CAN	1990-12-31	1996	19	25
18	2353	한 얀	CHN	1996-03-06	2002	13	19
19	2315	알렉산더 페트로프	RUS	1999-04-26	2004	11	16
20	2173	다니엘 사모힌	ISR	1998-03-12	2003	12	17

세계 피겨스케이팅 남자 선수 순위 (2015년 연말 기준)

	1~10위권	21~30위권
평균 경력	17.5년	16년
10년 이하 경력자	0명	2명

세계 피겨스케이팅 남자 선수 순위별 경력

들 가운데 10년 이하의 경력을 가진 선수는 단 한 명도 없었으나, 21~30위권을 선수들의 경우에는 10년 이하의 경력을 가진 선수가 두 명이 있었다. 여자 선수들과 거의 비슷한 패턴을 보이고 있음을 알 수 있다.

또한 1~10위권 이내 선수는 평균 경력이 17.5년인 반면에 21~30위권 선수들은 16년의 경력을 갖췄다. 평균 경력 차이가 1.5년이 나는 것이다. 이러한 세계 피겨 스케이팅 최고 순위에 있는 남녀 선수들의 데이터가 의미하는 바는 명확하다.

첫째, 세계 최고의 성적을 거두기까지는 10년 이상의 오랜 기간 동안의 연습과 훈련이 필요하다는 것이고 둘째, 10년 이상의 경력이 있다고 해도 그들 사이에서도 '경력에 따른' 상대적인 차이가 있다는 것이다. 즉, 더 오랜 시간을 훈련하고 노력한 경우가 상대적으로 훈련 시간이 덜한 경우에 비해 성적이 높게 나온다는 것이다. 앞서 살펴본 '10년 법칙'을 정확히 따른다는 것을 알 수 있다.

총 연습시간을 알 수 없는 상황에서 피겨 스케이팅을 시작한 연도만으로 이러한 결과를 판단하는 것이 다소 무리가 있을 수는 있겠다. 하지만 기본적으로 '연습기간'과 '실력'이 높은 상관관계가 있다는 것은 확인할 수 있다.

신중하게 계획된 연습의 힘

앞서 10년 법칙을 주장한 허버트 사이먼과 윌리엄 체이스는 이미 1973년에 최고 기량의 체스선수들을 대상으로 한 연구에서 그랜드마스터급의 실력을 갖추기 위해서는 1만 시간에서 최대 5만 시간의 연습과 훈련이 필요하다는 것을 앞서 살펴보았다. 하지만 그때까지만 해도 1만 시간이든 5만 시간이든, 그것이 세계적인 수준의 전문가가 되는 데 필요한 절대적인 시간으로까지 확대·해석되지는 않았다.

1만 시간을 하나의 '법칙'으로까지 승화시켜 대중화시킨 인물이 있다. 〈더 뉴요커〉의 저널리스트 말콤 글래드웰이다. 1만 시간의 법칙은 글래드웰의 세계적인 베스트셀러가 된《아웃라이어》를 통해 일반 대중에게 알려진 성공 원리다.

이 1만 시간의 법칙을 현실화하도록 실험데이터를 제공한 사람은 스웨덴 출신의 심리학자 앤더스 에릭슨이다. 지금은 미국 플로리다주립대 교수인 그는 '남다른 성과를 내는 사람들은 어떻게 해서 그렇게 그 일을 잘하게 되었는가?'라는 의문을 가지고 오랫동안 다양한 분야에서 역량과 성과에 대한 연구를 해왔다. 간호사, 체조선수, 바이올리니스트, 다트선수, 타이피스트, 체스선수, 테니스선수, 클래식 피아노 연주자 등 각 분야에 걸친 다양한 사례를 연구하고 수집했다. 구체적으로는 연습량과 연습의 방법이 성과에 미치는 결과를 측정했다.

이제는 세계적으로 유명해진, '최고의 성과를 내는 데 있어 신중하게 계획된 연습의 역할'이라는 제목으로 1993년에 〈사이콜로지컬 리뷰〉에 발표된 그의 기념비적인 논문은 2016년 8월 기준으로 공식적인 인용 횟수만 6,300번이 넘는 이 분야 최고의 논문이 되었다.

에릭슨과 이 논문의 공동연구자인 독일 막스프랑크연구소의 랄프 크람페와 클레멘스 테쉬뢰머는 서베를린 음악 아카데미라는 엘리트 집단에서 공부하는 바이올린 연주자들을 세 그룹으로 나눠 연구를 진행했다. 그룹을 나누는 기준은 연습 실력에 기반을 둔 교수들의 평가였다. 세 그룹은 각각 '세계적 프로 연주자가 될 학생(Best Student)', '뛰어난 학생(Good Student)', '공립학교 선생이 될 정도의 실력을 갖춘 학생(Teacher)' 그룹으로 구분되었다. 연구자들은 이들 학생들과 면담하면서 그들이 처음 음악 연습을 시작한 때, 그 이후로 현재까지의 총연습량, 현재 연습의 시간·방법 등의 하루일과를 세세하게 기록했다.

이들은 거의 공통적으로 5세 전후부터 바이올린을 잡기 시작했는데 첫 번째, 세계적인 프로 연주자가 될 학생(Best) 그룹은 시간이 갈수록 연주시간을 늘린 끝에 베를린 뮤직 아카데미에 입학하는 시점에는 산술적으로 연습시간이 1만 시간에 달해 있었다. 반면에 뛰어난(Good) 학생들은 약 7~8천 시간, 평범한 학생들은 약 3~4천 시간을 연습했다는 결론을 얻었다. 그리고 계량적으로 연구한 결과 이 세 집단의 연주 실력의 차이에서 약 80퍼센트가 그들이 연습했다고 주장한 시간의 차이로 설명 가능하다는 결론을 얻었다. 또한 누구도 연습량에 비례하지 않는, 즉 실력이 연습량에 비해 좋다든가 또는 반대의 상황에 처해있지 않았다.

이 연구자들은 바이올리스트 연주자뿐 아니라, 추가 연구를 통해 피아노를 포함한 여러 분야를 대상으로도 이런 조사를 실시했는데 거의 비슷한 패턴이 도출되었다.

에릭슨 연구팀은 그래서 다음과 같은 결론을 내렸다. 어떤 분야에서든 대가가 되기 위해서는 최소 '1만 시간의 연습'이 필요하다는 것이다. 연습량이 곧 성과의 가장 큰 결정 요인이었다. 신경과학자이자 뮤지션인 대니얼 레비틴은 1만 시간의 법칙에 대해 이렇게 말한다.

1만 시간의 연습은 어떤 분야에서든 세계 최고 수준이 되기 위한 전문기술을 달성하는 데 필요하다. 수많은 연구에서 작곡가, 야구선수, 소설가, 아이스케이터, 전문적 피아니스트, 체스선수, 큰 범죄자 등에서 1만 시간은 반복적으로 나타난다. 1만 시간은 대략 매일 3시간 또는 매주 20시간 연습해서 10년에 해당하는 기간이다. 물론 이것은 왜 어떤 사람들은 연습할 때 남들보다 빨리 목적을 달성하지 않는지, 그리고 왜 어떤 사람들은 그들의 연습으로부터 남들보다 더 많이 얻는지를 설명하지는 않는다. 그러나 세계 최고의 전문지식과 기술이 1만 시간보다 짧은 시간에 달성되는 경우를 누구도 아직 발견하지는 못했다. 어떤 분야의 최고가 되는 기술을 숙달하는 데 필요한 모든 것을 완전히 이해하는 데는 그만큼 오랜 시간이 걸리기 때문인 것으로 보인다.

말콤 글래드웰의 지난한 10년

《티핑포인트》,《블링크》,《아웃라이어》 등 출간되는 책마다 연이은 세계적인 베스트셀러 작가가 된 말콤 글래드웰은 2005년 미국시사 잡지 〈타임〉지 선정 '세계에서 가장 영향력 있는 100인', 〈월스트리트 저널〉의 '세계의 경영 대가 10인' 중 한 명으로 선정되기도 했다.

그는 전작 등을 통해서 많은 세기적인 성공 사건들과 대가들의 이면을 여러 방식으로 추적해왔다. 필자는 그런 대가들과 성공 원리를 추적해온, 말콤 글래드웰을 추적해보고 싶었다. 무엇보다도 그가 말한 1만 시간의 법칙과 그 자신의 커리어가 얼마나 맞아떨어지는지도 궁금했다.

그는 1963년 영국에서 출생했다. 1984년에 역사학 전공으로 캐나다 토론토대학교를 졸업하고, 광고회사에 취직하고 싶었지만 지원한 모든 광고회사들이 입사를 거절해 언론사로 넘어오게 된다. 오늘날 저널리즘의 최고봉에 있는 사람이 사회생활 초기에 원하던 분야에서 취업을 못하고 퇴짜를 맞았던 것이다. 자메이카 흑인노예가 자신의 뿌리임을 당당히 밝히는 그는 사회생활 처음 몇 년 간은 언론 관련 회사에서 일하다가 1987년에야 〈워싱턴포스트〉에서 일을 시작해 1996년까지 일한다. 그리고 1996년 〈더 뉴요커〉로 자리를 옮겨 현재까지 일하고 있다.

그의 첫 저작인 《티핑포인트》는 2000년에 비로소 쓰인 책이다. 언론사에서 일한 지 15년째 되던 해다. 《블링크》는 2005년, 《아웃라이어》는 2008년 출간되었다. 《아웃라이어》에서 그는 이렇게 썼다. "나는 처음엔 '완전 무능력자'였지만 나중에는 전문가가 될 수 있었다. 그리고 그 사이에는 10년이라는 긴 시간이 걸렸다." 스스로를 '완전 무능력자'라고 할 정도로 암울하고 대책 없던 한 사람이 수십 년이 지난 오늘날에는 세계 최고의 작가가 된 것이다.

그런데 그런 오늘날의 성과를 내기까지는 10년 이상의 시간이 걸렸다. 그의 이름을 세계적으로 알린 티핑포인트가 언론계에 종사한 지 15년이 지난 후에 나온 작품이라는 것이 그 방증이다. 그 전까지만 해도 그는 평범한 한 명의 기자에 지나지 않았다. 물론 한 분야에서 10년을 일한 사람이 모두 다 최고가 되는 것은 아니다. 하지만 최고가 되는 데 있어 10년은 최소한의 전제조건이다. 이처럼 최고가 되는 데는 오랜 시간이 걸린다는 것을 글래드웰이 자신의 삶을 통해 보여주고 있는 것이다.

그는 미시간대학교 심리학과의 리처드 니스벳 교수에게 큰 빚을 졌다고 한다. 니스벳 교수의 '비교 문화'라는 키워드에 큰 영향을 받은 것이다. 즉, 사회 현상의 많은 부분들이 개인적인 판단과 결정에 의해 결정되는 것이 아니라 사회적 문화에 그 맥락을 두고 있다는 것이다. 글래드웰은 자신의 경력과 삶을 통해 크게 두 가지를 보여주었다. 첫째, 1만 시간의 법칙을 스스로 검증해냈다는 것이고 둘째, 성공한 사람들을 추적하고 성공 원리를 파악하다보니 어느덧 성공한 사람의 위치에 오르게 되었다는 것이다.

실제로 1만 시간에 도전하다

'1만 시간을 투자하면 누구나 PGA 프로가 될 수 있을까?'

2010년 4월 오리건주 포틀랜드에 사는 당시 30세의 댄 매크로 플린이라는 청년이 '1만 시간의 법칙'을 실험하고 직접 증명해 보이기 위해 나섰다. 그의 전직은 치과기구를 촬영하는 상업 사진작가였

날짜	핸디캡	날짜	핸디캡	날짜	핸디캡
2015-04-01	5.5	2014-04-01	4.2	2013-04-01	7.3
2015-03-01	3.6	2014-03-01	4.1	2013-03-01	5.7
2015-02-01	3.6	2014-02-01	4.1	2013-02-01	5.9
2015-01-01	3.4	2014-01-01	4.1	2013-01-01	5.9
2014-12-01	3.4	2013-12-01	4.1	2012-12-01	6.3
2014-11-01	3.1	2013-11-01	5.2	2012-11-01	5.8
2014-10-01	3.6	2013-10-01	5.7	2012-10-01	6.9
2014-09-01	5.3	2013-09-01	5.9	2012-09-01	5.7
2014-08-01	4.1	2013-08-01	5.6	2012-08-01	5.9
2014-07-01	4.1	2013-07-01	5.4	2012-07-01	6.1
2014-06-01	2.6	2013-06-01	5.5	2012-06-01	8.8
2014-05-01	3.3	2013-05-01	6.2	2012-05-01	8.7

댄의 실력변화추이

다. 댄은 자신의 직업을 그만 두고 1만 시간 투자에 돌입했다. 이 프로젝트의 이름은 '댄 플랜'이었다. 그는 글래드웰의 《아웃라이어》에서 영감을 받아 이 일을 시작하게 되었다. 이 책에는 앞서 살펴본 앤더스 에릭슨이 제창한 누구든 1만 시간을 헌신적으로 연습하면 어느 분야에서건 최고의 전문가가 될 수 있다는 이론을 현실화시켜보고 싶었던 것이다.

PGA에 투어 출전 자격을 획득한다는 것은 세계 랭킹 250위 안에 드는 선수 중 한 명이 돼야 하는 것이다. 그가 과연 해낼 수 있을까? 이에 대해 에릭슨 교수는 다음과 같이 말한다. "누구도 도전해본 적이 없는 일이기 때문에 아무도 어떤 결과를 낳을지 알 수 없지요.

그는 마치 콜럼버스와 같습니다."[27]

전 세계에는 6,000만 명의 댄과 같은 골퍼가 있다. 댄이 목표로 하는 PGA 투어선수는 250명에 불과할 정도로 그 경지에 오르기가 힘들다. 그걸 알면서도 댄은 하루 6시간 주 6회 연습이라는 규칙을 정하고 지금까지 수천 시간을 훈련해왔다.

"하루에 10시간 연습할 수는 있겠지만 높은 자질과 높은 집중력을 발휘하기 위해서는 하루 4시간에서 6시간 정도가 적당합니다. 그래서 4년 반 정도가 더 걸릴 거라고 예상해요. 그래도 4년이라는 시간이 제게 있었던 거죠. 아마 2018년쯤? 참 긴 시간이죠. 1만 시간이란."[28]

그리고 골프를 시작한 지 2년 만에 댄은 아마추어 골퍼의 꿈이라는 '싱글' 핸디캡을 달성했다.

1만 시간 법칙을 처음 제시한 에릭슨의 주 연구대상은 바이올리니스트와 피아니스트였다. 1만 시간의 법칙을 실험적으로 증명하는 것은 골프에서 댄이 처음이다. 에릭슨은 그의 가설이 댄에 의해 현실화될 수 있을지 지켜보는 가장 관심 높은 사람 중 하나다.

2015년 5월 기준으로 그의 홈페이지를 보면 총연습시간은 6천 시간을 돌파했고 1만 시간에 이르려면 3,997시간을 남겨두었다고 기록하고 있다. 그런데 그 후로 2016년 2월까지 골프 연습에 대한 기록이 없는 걸 보면 슬럼프 상태가 장기간 이어지고 있는 것은 아닌가 싶다. 핸디캡 기록을 보면 그런 상황을 짐작할 수 있다. 2015년 4월 마지막 핸디캡 기록이 5.5로 그전 몇 달치의 평균을 훨씬 상회하고 있다. 안 좋아진 것이다. 일종의 슬럼프다. 그의 도전은 아직 끝나지 않았지만, 1만 시간에 이르는 길이 그만큼 쉽지 않다는 것을 보여주고 있는 것이다. 댄의 도전이 빨리 재개되기를 바란다.

적당히 좋은 수준, 그 이상을 위해

서베를린 음악아카데미 학생들을 대상으로 한 에릭슨의 기념
비적인 연구, 그리고 글래드웰의 《아웃라이어》로 인해 대중적으로
알려진 1만 시간의 법칙은 지금까지도 학계에서뿐 아니라 많은 사람
들에게 화제가 되어오고 있다. 이 주제를 다룬 에릭슨의 논문은
6,300번 넘게 다른 논문에서 인용되었고, 실제로 심리학 전문 잡지
〈인텔리전스〉에서는 17개나 되는 반박 논문과 에릭슨의 재반박, 재재
반박 등을 한꺼번에 실은 특집을 낼 정도다. 〈뉴욕타임즈〉나 BBC 등
메이저 언론에서도 1만 시간의 법칙과 관련된 주제를 수차례 기사로
다루기도 했다.

필자는 1만 시간의 법칙과 관련된 여러 기사들을 주의 깊게 살
펴보면서 이후에 나온 주된 논쟁들을 정리해보았다. 1만 시간의 법칙
과 관련된 논쟁들의 주요 입장은 다음과 같다.

첫 번째는 1만 시간이라는 절대시간을 부정하지는 않지만 동시
에 연습이 그냥 평범한 연습이 아니라, '신중하게 계획된 연습'이어야
한다는 것이다. 무조건 1만 시간을 채운다고 해서 세계 최고 기량에
이를 수 있는 것은 아니며 '신중하게 계획된' 연습만으로도 가능한 것
은 아니다. 두 가지 조건을 모두 충족해야 하는 것이다. 처음 이 연구
를 실시한 에릭슨의 입장이다. 이는 글래드웰이 1만 시간을 강조하다
보니 다소 간과한 것일 수도 있다.

다른 일을 하면서 연습을 한다든지, TV를 보면서 연습하게 되면 시간으로는 채울 수 있을지 모르지만, '신중하게 계획된' 연습에 비해 효과가 현저하게 떨어진다. 따라서 아무리 그렇게 1만 시간을 연습했다 하더라도 그것이 집중된 훈련의 결과가 아니라면 세계 최고 기량에 이를 수 없다는 것이다. 직장을 오래 다닌다고 해서 다 자기 분야에 전문가가 되지 않는 이유도 그렇다. 오래 똑같은 일을 하지만 그 일에 몰입해서 '신중하게 계획된' 또는 '의도적인' 목적의식이 없으면 시간만 채우는 일이 되고 만다. 이는 극단적으로 표현하자면 다람쥐 쳇바퀴 도는 식의 발전 없는 연습이 될 수도 있다. 계단을 오르는 것처럼 똑같은 행위를 반복하더라도 진전이 있는 연습과 훈련이 되어야 하는 것이다.

《EQ 감성지능》이라는 책으로 널리 알려진 세계적인 베스트셀러 작가이자 심리학자인 대니얼 골먼은 《포커스》에서 1만 시간 법칙은 절반만 진실이라고 말한다. 이 글은 〈허핑턴포스트〉에도 '1만 시간의 법칙이 신화인 이유'라는 제목으로 실렸는데 골먼은 이렇게 말한다.

초보자나 아마추어들은 주로 수동적이고 상향식 방식으로 연습하지만, 전문가들은 연습하는 동안 역동적인 집중을 결코 쉬지 않는다. 전문가들은 퍼포먼스의 특정한 부분을 개선하기 위해 온전한 집중을 한다. 1만 시간은 단지 시간의 문제가 아니다. 피드백이 중요하며 '신중하게 계획된' 연습이어야 한다.

골프든 스키든 바이올린이든 연습을 일정 시간을 하고 나면 '적당히 좋은' 수준에 이르게 되는데, 그 지점에서 아마추어들은 대체로 만족하고 더 앞으로 나아가려고 하지 않는다. 반면에 전문가들은 그런 1차적인 만족의 지점에 머물지 않고 스스로의 한계를 깨기 위한 방식에 집중한다. 초보자나 아마추어처럼 부족한 자신의 눈높이에서 위를 보는 것(바텀업, Bottom-up)이 아니라 고수들의 눈높이에서 문제를 바라보는 것(탑다운, Top-down)이다. 따라서 그들은 연습을 통해 제대로 작동하지 않는 부분을 발견하고 이를 수정한다. 또한 완벽하지 않은 테크닉을 보완하고 단련하는 데 집중한다. 이것이 아마추어와 전문가가 구분되는 지점이다.

두 번째는 해당 분야의 경쟁의 정도에 따라 최고가 되는 데 소요되는 시간이 유동적으로 변한다는 것이다. '숫자 기억하기'와 같이 경쟁이 없는 분야에서는 500~1,000시간으로도 세계 최고가 될 수 있는 반면 경쟁이 치열한 분야에서는 1만 시간 연습으로도 세계 최고가 될 수 없다는 것이다. 즉, 경쟁이 치열한 분야냐 그렇지 않느냐에 따라 세계 최고가 되는 데 있어 다른 시간의 적용을 받는다는 것이다. 1만 시간이 일률적으로 적용될 수 없다는 것이다. 체스선수들을 대상으로 한 연구실험에서 최고의 기량을 가진 이들은 25,000시간에서 5만 시간이 걸린다고 보고한 학자(헤이스)도 있었다.

앞서 살펴본 세계 피겨스케이팅에서도 그런 차이도 확인할 수 있다. 남자 선수들은 여자 선수들에 비해 경쟁이 더 치열하다보니 선수들의 국적도 여자 선수들에 비해 다양화되어 나타나고, 무엇보다 평균 필요 경력기간이 2~3년 정도 더 길게 나타났다. 경쟁이 치열하다보니 더 많은 노력과 공이 들어가는 것이다.

이와 관련한 또 다른 사례는 서베를린아카데미 학생들을 대상으로 한 실험결과에서도 볼 수 있듯이, 1만 시간의 연습시간이 20세 정도까지를 기준으로 한 수치라는 것이다. 즉 그들이 이후 더 성장해서 세계 최고의 마스터가 되었을 때는 더 많은 시간이 연습에 포함될 수밖에 없다는 것이다. 실제 세계 최고에 이른 전문가들은 20세 이후에도 지속적인 연습과 훈련을 해야 그 자리를 유지할 수 있었다.

2012년 〈BBC〉에 '글래드웰의 1만 시간 법칙이 틀린 이유'라는 글을 기고한 과학 저술가 데이비드 브래들리는 위와 같은 이유로 1만 시간은 최고의 기량을 얻는 마법의 숫자가 아니라고 말한다. 하지만 최고의 성과를 내는 데 있어서는 좋은 출발점이고 "그 시간을 두 배로 만들면 세계적인 경쟁에서조차 이기게 될 것임에 틀림없다"라고 말한다.

마지막 입장은 앞서의 두 의견과는 현격한 차이를 보인다. 잭 햄브릭 미시간대 심리학과 교수는 실력을 설명하는 데 있어 연습이 차지하는 비중이 그리 높지 않다고 주장한다. 햄브릭과 그의 동료들은 객관적으로 순위가 매겨지는 대표적인 분야인 음악가와 체스선수들을 대상으로 한 조사를 실시했다. 이들에 의하면 음악가들의 경우 순위의 변동에서 단지 30퍼센트만이 연습량에 의해 설명할 수 있다고 주장한다. 또 다른 분야인 체스선수들에 대해서는 마스터 플레이어들의 순위를 결정하는 것의 단지 34퍼센트만을 연습량으로 설명했다는 것이다. 거의 3분의 2는 연습이 아닌 다른 것과 관련되어 있다는 것이다. 그리고 어떤 선수는 2년이 걸려 그랜드마스터가 되었지만 다른 선수는 26년이나 지나서 그러한 결과를 달성했다는 것이다.

햄브릭은 이 연구에서 1만 시간 법칙과 같은 이론에 의해 조성되는 '비현실적인 기대'를 반박한다. 그는 "충분히 동기 부여된 사람이라면 누구나 전문가가 될 수 있다는 평등주의적 관점"을 지지하지 않는다고 말한다.

이와 관련된 반론도 만만치 않은 것이 사실이다. 가장 주요한 반론의 지점은 햄브릭이 성과를 내는 것의 3분의 1만이 연습을 설명한다고 했지만, 나머지 3분의 2가 무엇인지를 밝히지 못했다는 것이다. 그리고 '특정 분야에 나이가 어릴 때 접할수록' 성과가 좋았다고 밝히는데, 이것이 상징하는 바는 성과를 내는 데 오랜 시간이 걸린다는 것을 보여준다고 비판한다.

한나라 고조 유방(劉邦)은 천하를 통일한 후 왕실의 안정을 위해 개국 공신들을 차례로 숙청하였다. 초왕(楚王) 한신(韓信)은 천하 통일의 일등 공신으로, 항우군의 토벌에 결정적 공헌을 하였지만 통일이 완성된 한 왕실로서는 위험한 존재가 아닐 수 없었다. 그는 본래 항우의 수하에 있다가 유방이 촉으로 들어간 후 한나라에 귀순한 인물이었고, 제나라를 정복하였을 때는 스스로 제왕에 즉위하였으며 초에 들어가서는 항우의 장수였던 종리매를 비호하기도 하였다.

그래서 유방은 계략을 써 그를 포박한 후 장안으로 압송하고는 회음후로 좌천시켰다. 어느 날 유방은 여러 장군들의 능력에 대해서 이야기를 나누던 끝에 한신에게 이렇게 물었다.

"과인과 같은 사람은 얼마나 많은 군대의 장수가 될 수 있겠는가?"

"아뢰옵기 황송하오나 폐하께서는 한 10만쯤 거느릴 수 있는 장수입니다."

"그렇다면 그대는 어떠한가?"

"예, 신은 많으면 많을수록 더욱 좋습니다(多多益善)."

"많으면 많을수록 좋다고? 그렇다면 그대는 어찌하여 10만의 장수감에 불과한 과인의 포로가 되었는고?"

한신은 이렇게 대답하였다.

"폐하, 그것은 별개의 문제입니다. 폐하께서는 병사의 장수가 아니오라 장수들의 장수입니다. 이것이 신이 폐하의 포로가 된 이유입니다."

사마천의 《사기(史記)》 〈회음후열전(淮陰侯列傳)〉에 나오는 다다익선과 관련된 이야기다. 많을수록 좋다는 것이다. 어떤 분야의 최고가 되는 데 있어 1만 시간이라는 절대법칙으로 표현되지 않을 수도 있다. 하지만 한 가지 확실한 것은 연습과 훈련의 시간은 많을수록 좋다는 것이다. 그 시간이 많을수록 더 높은 역량과 실력을 발휘하는 것은 명확하기 때문이다. 5천 시간보다는 1만 시간이 낫고, 1만 시간 보다는 2만 시간이 낫다.

최고가 되는 데 마법의 숫자는 없을지 모르지만 질적인 변화를 위해서는 양의 누적이 선행되어야 함은 분명하다. 만 번 떨어지는 물방울이 바위를 뚫지 못할지도 모른다. 하지만 십만 번, 백만 번이 누적되면 언젠가 뚫리고 만다. 그것이 자연법칙이다.

바다를
만들려면
냇물이
필요하다

9

"알면 진정 사랑하게 되고,
사랑하게 되면 진정 보게 된다."

김광국, 정조 때 문장가

아는 만큼 보인다

예전에 일 년가량 차량 탁송 관련 아르바이트를 한 적이 있다. 그 전까지는 내 차만 운전해봤지 다른 차를 운전할 일이 별로 없어 벤츠나 BMW는 이름만 들어봤을 정도로 차의 종류에 대해 잘 몰랐다. 외제차에 대해서는 문외한이었던 것이다. 차마다 기본 조작법은 비슷해도 사용법이 조금씩 달라 처음에 운전할 때 애를 먹었다. 대부분은 핸들을 기준으로 오른쪽에 시동버튼이 있지만, 시동버튼이 계기판 위쪽에 있는 차량도 있고, 심지어는 계기판의 왼쪽에 있는 차량도 있다. 어떤 차는 시동버튼을 못 찾아 10분 이상을 헤매기도 했다. 그러다보니 시동버튼이 없는 건 아닌가 하는 생각이 들기도 했을 정도였으니 그때의 난처함이란.

요즘 나오는 차량들은 환경보호와 에너지 절약을 위해 운전 중에 정지 신호를 만나거나 길이 막혀 차가 잠깐 동안 서 있게 되면 시동이 자동으로 꺼지는 차종이 있다. 그런데 그걸 몰라서 자주 시동이 꺼진다며 운전하다 말고 카센터로 가는 웃지 못할 해프닝도 있었다. 그런 것도 모르면서 어떻게 운전 아르바이트를 하냐고 황당해하던 카센터 주인의 얼굴이 지금도 생생하다. 그렇게 몇 달간은 이런저런 낯섦으로 인해 고생했던 기억이 난다. 그 이후론 지구상에 존재하는 웬만한 거의 모든 차량을 운전하는 데 어려움이 없다. 1년 정도 그렇게 수백 종류의 차량을 운전해보니 자신감이 생긴 것이다. 하루에 7~8대씩, 1년에 걸쳐 2,000대 이상의 차들을 반복적으로 운전해보니 다른 건 몰라도 적어도 차와 관련해서는 낯설고 두려운 것은 사라진 것이다.

　　너무 사소하고 단순한 것을 무슨 대단한 발견인양 생각한다고 할지 모르겠다. 하지만 이런 단순하고 당연해 보이는 원리가 세상 모든 일에 적용된다. 다만 차이가 있다면 그건 좀 더 복잡한지의 여부, 익히는 데 시간이 좀 더 걸리는지의 차이일 뿐이다. 그런 차이를 뺀다면 모든 원리는 동일하다. 아는 만큼 보이고 익숙해지는 만큼 쉬워진다는 것이다.

　　지즉위진애 애즉위진간
　　知則爲眞愛 愛則爲眞看

　　정조 때의 문장가인 유한준이 당대 유명한 미술품 컬렉터였던 김광국의 화첩 '석농화원(石農畵苑)' 발문에 써준 말의 일부다. "(그림을) 알면 진정 사랑하게 되고, 사랑하게 되면 진정 보이게 된다"라는 뜻이다. 이를 전 문화재청장이었던 유홍준 교수는 "사랑하면 알게 되고 알면 보이나니, 그때 보이는 것은 전과 같지 않으리라"라고 해석하기도 했다.

　　세상의 기본 원리는 '아는 만큼 보인다'는 것이다. 그 분야가 미술이든 음악이든 스포츠든 경제든 종교든 뭐든 아는 만큼 보이는 법이다. 알기 전에는 보이지 않던 것이 알게 되니 보이는 것이다. 그래서 알게 된 이후에 보이는 것은 모르기 전에 보던 것과는 완전히 다른 어떤 것이 되는 것이다. 아는 만큼 보인다는 말을 거꾸로 보면 더 쉽게 다가온다. 모르는 것은 보이지 않는 법이다. 낫 놓고 기역자도 모른다는 속담도 있지만, 글자를 모르기 때문에 바로 옆에 낫을 놓고도 모르는 것이다.

피터 드러커는 3년마다 주제를 바꿔 새로운 일이나 새로운 공부를 했다고 한다. 그도 매번 새로운 주제를 접할 때면 처음에는 힘들고 어려웠을 것이다. 그런데 그걸 가능케 했던 힘은 '아는 만큼 보인다'는 단순해 보이는 진리를 바탕으로 한다. 처음엔 어렵고 힘들어 보이지만, 거기에 공과 시간을 들인 것에 비례해서 차츰 익숙해지고 쉬워지는 것이다. 그러한 원리를 누구보다도 잘 알고 있기에, 드러커는 매 3년마다 주제를 바꿔 새로운 공부를 할 수 있었던 것이었다. 또한 그럴 수 있었던 것은 그가 타고난 재능과 재주가 있어서가 아니라, 한 주제를 정하면 그 일에 집중해서 몰입했기 때문이다. 매일 10시간씩, 1년 약 330일이면 3,300시간이다. 그렇게 3년을 하면 1만 시간이 된다. 그 정도 시간이면 한 분야의 대가가 되기에는 충분한 시간이다.

사용할수록 강화된다

내가 처음으로 독서의 재미를 알게 된 것은 열한 살 때였다. 나는 책을 많이 읽었다. 아홉 살이 막 되었을 때 성경과 다윈의 《종의 기원》을 읽었다. 열 살 때는 고등학교 1학년 고대사 교과서가 너무 재미있어서 몇 주일 안에 독파해버리고 고대사 관련 서적들을 닥치는 대로 읽어나갔다. 곤충을 수집하고 곤충학 분야의 책을 읽기 시작한 건 열한 살 때부터였다. 열두 살 때부터는 광물을 모았다. 주변에서 볼 수 있는 광물이래야 마노밖에 없었지만 광물학 서적을 뒤져 책에 나오는 광물들의 속성·색깔·경도·줄무늬 같은 것을 표로 정리했다. 그러다가 열세 살 때부터 화학에 본격적으로 관심이 생겼다. 화학자들이 특정 물질을 전혀 속성이 다른 물질로 변환시킨다는 걸 알고 얼마나 신기했는지 모른다. 수소와 산소가 만나서 물이 되고 나트륨과 염소가 결합해 염화나트륨이 된다는 게 꿈처럼 들렸다. 같은 원소라도 어떻게 결합하느냐에 따라서 전혀 다른 복합물이 만들어졌다. 그 후로 나는 화학을 이해하는 데 전심전력을 기울였다. 그것은 세계를 이해하는 길이었고 우주의 본질을 이해하는 길이었다.

1954년 노벨화학상과 1962년 노벨평화상 두 번의 노벨상을 수상한 미국의 물리화학자 라이너스 폴링의 일대기를 담은 《라이너스 폴링 평전》 중 일부분이다. 폴링의 이 말은 독서와 경험이 많아지면서 앎의 깊이가 넓어지고 그에 따라 세상을 보는 안목이 커진다는 것을 잘 보여주고 있다. 그가 자신의 전공 분야인 화학뿐 아니라 평화부분에서도 노벨상을 수상하기까지는 이러한 점층적인 시야의 확대의 과정이 있었던 것이다. 그것이 지식이든 경험이든 말이다.

찰스 다윈의 할아버지인 이래즈머스 다윈은 1796년 《동물학》에서 "모든 온혈동물은 자신의 일부를 변형하는 힘을 지니고 있고, 이렇게 개량된 형질은 자손에게 이어진다"고 기록했다. 13년 후인 1809년에 프랑스의 동물학자인 라마르크는 《철학적 동물학》을 통해 이래즈머스 다윈의 학설을 이어받아 "동물들은 일생동안 자신의 필요에 의해 특정 형질을 발달시키며 이를 자손에게 물려준다"고 했다. 이래즈머스 다윈과 라마르크가 주장한 것이 바로 '용불용설'이다.

이 용불용설은 생물이 살아 있는 동안 환경에 적응한 결과로 획득한 형질이 다음 세대에 유전되어 진화가 일어난다는 학설로, 한 개체에서 형질의 변화가 일어나는 원인을 설명해 형질전환이론이라고 부르기도 한다. 그런데 이 용불용설이 찰스 다윈의 진화론과 멘델의 유전법칙이 재발견된 후 급속히 발전한 유전학에 의해 유전자의 역할이 밝혀지면서 오류로 판명났지만, 최근 후성유전학의 발달로 다시 주목받고 있다.

용불용설의 대표적인 예는 기린의 비유다. 기린이 일생 동안 높은 가지에 있는 잎을 먹기 위해서 목을 계속 높이 뻗다보니 목이 길어졌고, 오랜 기간 대에 대를 걸쳐 지속한 결과 지금과 같은 모습을 갖추게 되었다는 것이다. 어떤 신체 부위를 다른 부위보다 더 자주 지속적으로 사용하게 되면 그 부위는 사용량과 사용시간에 비례하여 점차 강해지고 발달되며 크기도 커지게 되지만, 반대로 어떤 기관을 오랫동안 사용하지 않으면 그 기관은 점차 약화되고 기능도 쇠퇴하여 결국 사라지게 된다는 것이다.

기린의 비유와 반대로 펭귄의 날개는 날기 위한 용도로 사용하지 않으면서 점차 퇴화되었고 그 크기도 작아졌을 것이다. 동물에서 볼 수 있는 특수한 형태나 작용을 지닌 기관은 바로 이렇게 해서 생겼고, 퇴화기관으로 알려진 흔적기관 역시 이렇게 하여 생겼다. 즉, 어떤 기관을 사용하지 않아 형질이 약화되고 축소되었다는 주장이 용불용설이다. 사람의 능력만큼 용불용설이 들어맞는 것도 없을 것이다. 끊임없이 두뇌와 신체를 움직이다 보면 그만큼 지력과 활동성이 발달하기 때문이다.

2015년 2월 미국 노스웨스턴대 연구진은 '노래를 잘 부르고 싶은가? 그렇다면 많이 불러라'라는 제목으로 〈뮤직 퍼셉션〉 최신호에 실린 연구결과에서 "노래를 잘할 수 있는 방법은 자주 노래하는 것"이라는 명쾌한 결론을 내렸다. 유치원생과 초등학교 6학년생, 20대 성인들을 대상으로 노래 실력을 측정한 이 연구에 의하면 유치원 때부터 초등학교 6학년 때까지 정기적으로 음악 수업을 받으면 노래 실력이 크게 향상되는 것으로 나타났지만 20대 성인이 되어 음악 수업을 받지 않은 사람들은 노래 실력이 퇴행해 유치원생 수준으로 떨어지는 것으로 나타났다고 보고했다.

연구팀의 스티븐 데모레스트 교수는 "누구도 바이올린을 처음 배우는 사람이 연주를 잘 할 것이라고 기대하지 않는 것처럼 노래를 잘 부르기 위해서는 누구나 꾸준한 연습이 필요하다"고 말했다. 그는 "노래를 잘 못 부르는 사람은 이를 개인적인 능력차로 받아들이지만 더 많이 노래를 부르면 노래 실력도 점점 더 좋아지는 것은 분명하다"고 덧붙였다. 노래에도 '용불용설' 효과가 확연하게 적용된다는 것이다.

대학교 1학년 때 친구들과 점심을 먹고 학교로 돌아가는 길에 꼭 하는 게임이 있었다. 테트리스다. 1985년 러시아의 알렉스 파지노프가 개발한 이 게임은 당시에 선풍적인 인기를 끌어 게임을 잘 못하는 사람도 즐길 수 있는 전세계적 게임이 되었다. 하지만 난 스스로 게임을 잘 못한다고 생각했고, 실제 결과도 좋지 않았다. 두세 판 이상을 좀처럼 넘지 못했다. 그런데 생각해보니 나는 어릴 적부터 게임이라는 것에 대해 별 흥미가 없었을 뿐이고, 그러다보니 실제 게임에 투자한 시간은 정말 얼마 안 된다는 것을 알게 되었다.

하지만 이것도 일종의 선입견이라는 것을 느꼈다. 물론 선천적으로 나보다 게임을 잘하는 사람이 있을 수 있다. 하지만 나보다 게임을 잘하는 사람들의 대부분은 나와 비교해 최고 몇 배 또는 몇십 배 더 많은 시간을 투자했던 것이다. 따라서 내가 그들만큼 시간과 공을 들였다면 특별히 나라고 못할 이유가 없을 거라는 거다.

단순한 결론일 수도 있지만 내가 잘하는 것을 잘하면 된다는 것이다. 그리고 거기에 내 시간과 노력을 충분히 들이면 된다. 중요한 것은 내가 시간과 노력을 들이면 무엇이든 가능하다는 것을 아느냐 모르느냐의 차이다. 그걸 안다는 것은 생에 있어서 대단한 진보이자 혁명과도 같은 한 걸음을 내딛는 것이다.

세계적으로 성공한 사람들을 연구해온 나폴레온 힐은 20년 동안 16,000여 명에 달하는 개인을 면밀하게 조사한 다음 헨리 포드, 앤드류 카네기, 라이트 형제, 토머스 에디슨, 마셜 필드, 월터 크라이슬러 등 각 분야에서 독보적인 성공을 거둔 507명의 업적을 집중적으로 비교분석하여 그들이 공통적으로 지니고 있었던 성공 철학을 15가지로 체계화했다.

그러한 15가지 성공 철학 가운데 가장 중요한 것의 하나로 '상상력'을 꼽았다. 그리고 근육과 두뇌처럼 상상력도 사용할수록 강화된다고 말한다. 특별한 운동과 훈련을 통해 몸의 근육을 만들고 단련하는 것처럼 상상력 또한 특별한 훈련을 통해서 계발하고 향상시킬 수 있다는 것이다.

상상력도 사용할수록 강화된다는 말의 완벽한 모델은 아인슈타인일 것이다. 실험 물리학자가 아닌 이론 물리학자였던 아인슈타인은 상상력만으로, 특수상대성이론과 일반상대성이론과 같은 인류 역사상 가장 위대한 발견을 할 수 있었다. 그래서 '지식보다 중요한 것이 상상력'이라는 말을 했는지 모른다.

아주 작은 능력 향상이 더 좋은 조건을 부른다

"복리는 세계의 8대 불가사의다. 이것을 이해하는 사람은 돈을 벌 것이고, 그
렇지 않은 사람은 대가를 치를 것이다."
| 아인슈타인 |

'7대 불가사의'에 빗대 아인슈타인이 8대 불가사의라고 말한 것
이 있다. 바로 복리다. 당신 앞에 신문지가 한 장 있다고 가정하자. 그
신문지 한 장을 50번 접으면 마지막으로 접은 종이의 두께는 얼마나
되는지 상상해 보라. 물론 실제로는 50번을 접을 수 없겠지만, 접을
수 있다고 가정한다면 말이다.

당신은 머릿속으로 아마 백과사전의 정도의 두께가 되지 않을
까 예상할지 모른다. 이보다 대담한 사람들은 고층 빌딩 높이 정도가
되지 않을까 생각할 것이다. 하지만 신문지를 50번 접게 되면 두께는
거의 지구와 태양의 거리(1억 4,400만킬로미터)에 이를 정도가 된다.
거기서 한 번만 더 접는다면 태양을 왕복할 두께가 되는 것이다. 500
번도 아니고, 5000번도 아니고, 50번만 접었는데도 말이다. 이것이 복
리의 엄청난 힘이다. 법칙에서 복리가 중요한 것은 누적의 일정 시점
이 지나게 되면 양의 증가가 복리로 커지기 때문이다.

복리와 비슷한 의미를 지닌 승수효과라는 것이 있다. 승수효과
는 미국 코넬대학의 스티븐 세시, 수전 바넷, 토모에 카나야가 제시한
개념이다. 이 효과는 특정 분야에서의 아주 작은 이득이 훨씬 큰 이득
을 발생시킬 수 있다는 것으로, 각자의 능력 향상이 더 나은 환경을
만들고, 그렇게 더 나아진 환경이 다시 능력을 더욱 향상시킨다는 것
이다. '야구'에 빗대 승수효과를 설명하는 그들의 이야기를 들어보자.

처음에는 다른 친구보다 야구를 조금 더 잘 하는 것에 만족할지 모른다. 이런 만족감은 한 개인으로 하여금 점점 더 많이 연습하게 하고 좀 더 적극적으로 다른 것들을 추구하게 한다. 즉 남들이 여가를 즐길 시간에도 자발적으로 연습하고, 그러다 적당한 팀(학교 야구부뿐 아니라 여름 리그팀까지)을 찾아보고, 전문 코치의 지도를 받고, 텔레비전에서 방송하는 경기를 보고 거기에 대해 토론하게 되는 것이다. 이 사람은 갈수록 좀 더 많은 야구 기술을 배울 수 있는 환경에 잘 적응한다. 시간이 흐르면서 여러 요소들이 폭포처럼 한꺼번에 밀려온다. 처음에는 미약해 보이던 요소들이 점점 연쇄효과를 내기 때문이다.[29]

승수효과가 작용하는 방식은 이렇다. 초보자는 스킬이 너무 얕아서 처음에 어떤 연습을 시작할 때는 매우 부담스럽고 힘겹다. 하지만 처음 약간의 연습을 통해 기술이 향상되고, 그것이 다시 연습을 더 많이 하도록 이끌고, 그럼으로써 기술이 더욱 향상되는 결과를 낳는다는 것이다.

복리와 승수효과의 위력은 초기에는 잘 드러나지 않는다. 이것의 위력은 시간에 있다. 시간이 갈수록 그 간격은 놀라울 정도로 벌어진다. 10퍼센트와 15퍼센트는 큰 차이가 나지 않는 것처럼 보인다. 하지만 같은 비율을 수익률로 환산해보면 그 차이를 현격하게 알 수 있다. 30년 후에 10퍼센트 수익률은 원금의 17배가 되지만 15퍼센트 수익률은 66배가 된다. 처음의 5퍼센트라는 작은 차이가 30년 후에는 4배 정도의 간격을 만들어 놓는 것이다.

이처럼 아무리 작은 차이라도 수십 년 이상 쌓이면 결정적인 차이를 만들게 된다. 더욱이나 경쟁이 치열한 분야에서는 아주 작은 차이가 성패를 가르는 결정적인 기준이 된다. 1시간을 훈련한 사람과 2시간을 훈련한 사람은 1시간의 차이일 뿐이지만 그것이 누적됨에 따라 나중에는 엄청난 차이를 보이게 된다. 돌이킬 수 없을 정도로 간격이 벌어지는 것이다.

세계 10대 부호들의 나이가 말해주는 것

바다를 단번에 만들려 해서는 안 된다. 우선 냇물부터 만들어야 한다.
| 탈무드 |

60세, 75세, 85세, 79세, 71세, 80세, 75세, 60세, 67세, 93세.

이 나이는 2016년 기준, 미국 경제주간지 〈포브스〉가 매년 발표하는 세계 최고 부자들의 1등부터 10등까지의 나이다. 빌 게이츠는 792억 달러, 한화로 91조 원에 이르는 자산을 보유하고 있다. 한국의 한해 국가 예산이 376조(2015년 기준)가 넘으니, 그 규모가 얼마나 큰지 알 수 있다. 그런데 세계 최고의 부자들 10위권 내에 60세 미만이 단 한 명도 없다. 평균 나이로는 74.5세다. 그 나이라면 죽기 직전이 가장 큰 부를 이룬 상태라는 것을 알 수 있다. 물론 페이스북 창업자 마크 저커버그처럼 20대에 큰 부를 이룬 경우도 있지만, 정말 큰 부는 시간의 복리를 통과해야 한다는 것을 알 수 있다.

세계적인 주식투자자이자 유명한 거부인 워렌 버핏이 부를 쌓아가는 과정은 복리의 힘을 가장 잘 보여주는 지표다. 우리가 잘 알듯이 그는 복리의 눈덩이 효과에 의해 부를 축적한 대표주자다. 여기서 중요한 점은 실패 없는 또는 중단 없는 전진이라는 것이다. 워렌 버핏이 가장 중시하는 투자원칙이 "첫째, 잃지 않는다. 둘째, 잃지 않는다. 셋째, 위의 두 가지 원칙을 지킨다"라는 것을 봐도 그렇다. 어느 순간부터 그에게 부는 더 이상 양적인 의미를 지니지 않는다.

이처럼 훈련이나 공부와 같은 양적인 누적의 전제는 중도에 포기하지 않고 꾸준히 앞으로 향해 나아가는 것이다. 이제껏 쌓아온 기반을 무너뜨리지 않는 것이다. 무언가를 새로 시작하면 복리의 효과를 보기까지 최소 수 년에서 수십 년이 걸리기 때문이다. 그러면 어느 순간 복리의 효과가 마법처럼 다가온다.

걸음으로 천리를 간다는 말이 있다. 소 걸음을 시속 2킬로미터로 가정한다고 해도 천리(400킬로미터)를 가려면 쉬지 않고 200시간 즉, 8.3일을 가야 하는 거리다. 시간도 시간이지만, 1시간 내내 가도 2킬로미터를 못 가는 소의 느릿한 걸음으로, 400킬로미터를 간다고 생각하면 얼마나 끔찍하고 답 안 나오는 얘기겠는가? 하지만 그렇게 200시간을 꾸준히, 우직하게 가다보면 어느덧 부산에서 서울에 이르는 천리 길에 다다를 수 있는 것이다.

그 까마득한 여정의 시작은 한 걸음이다. 계산하면 답 안 나오는 우보천리의 답은 '우직함'이다. 주변으로부터 멍청하다는 답답하다는 얘기를 들을지언정, 우직하게 앞만 보고 한걸음 한걸음 내딛어야 하는 것이 답이다. 그런데 그걸 아는가? 현실은 우보천리(牛步千里)가 아니라, 구보만리(龜步萬里)라는 것을. 소보다 더 느린 거북이의 걸음으로 만리를 가야 하는 것이 현실이다. 목표는 생각하는 것보다 훨씬 더 멀리 있으며, 그 길을 가야 하는 나의 상태는 소걸음보다 더 느려 진도는 좀처럼 안 보인다. 하지만 그것의 시작도 한 걸음이고, 그걸 이룰 수 있는 힘도 꾸준함뿐이다. 다른 방법은 없다.

소설가 조정래는 '한국 현대사 3부작'을 쓰면서 20여년의 시간을 보냈다. 그런데 각 작품에 소요된 시간은 《태백산맥》이 7년(200자 원고지 1만 6,500장)이 걸렸고, 《아리랑》(200자 원고지 2만 장)과 《한강》(200자 원고지 1만 5천 장)에 각각 6년이 걸렸다고 한다. 세 작품을 쓰는 데 기간으로는 20년이 걸린 것이고, 세 작품에 해당하는 총 분량은 원고지 기준으로 51,500장이 들어갔다는 것이다. 이를 20년에 해당하는 7,300일로 나누면 평균 7장 정도를 매일 글쓰기를 했다는 계산이 나온다. 매일매일 원고지 7장을 꾸준히 20년 동안 써왔다는 것도 그 자체로 대단한 일이다. 하지만 처음부터 그가 대하소설 32권(각각은 10권, 12권, 10권이다)을 쓰겠다고 달려들었다면 아마 불가능하지 않았을까. 처음부터 51,500장의 원고를 쓴다고 생각하면 얼마나 막막한 일이었겠는가.

하지만 매일매일 꾸준히 하다보니 어느새 한 권의 책이 만들어졌다. 이어서 10권의 완성된 이야기가 만들어진 것이고, 20년 동안 꾸준히 쓰다 보니 어느덧 '한국 현대사 3부작 소설'이라고 하는 대작이 나오게 된 것이다.

조정래가 20년 동안 매일 쓴 분량에 해당하는 원고지 7장은 대략 A4 용지 한 장 정도 되는 분량이다. 글쓰기의 질은 따지지 않는 걸로 전제한다면 어느 정도 노력하면 누구나 그 정도 분량을 쓸 수 있다고 생각한다. 불가능한 일만은 아니라는 것이다. 그래서 우리에게도 가능성은 있다는 것이다. 다만, 조정래가 대단한 것은 20년을 그렇게 우직하게 달려왔다는 것이다. 그리고 보면 인간의 힘이란 참으로 대단한 것 같다. 한 인간이 이런 정도의 방대한 역사를 이룰 수 있다는 것을 생각하면 인간의 삶에 대해 경외감마저 느끼게 한다.

점진적 과부하의 파괴력

2016년 세계 경제계의 최대 화두는 미국의 중앙은행인 연방준비제도이사회의 기준금리 '인상 속도'다. 이미 2015년 12월, 미 중앙은행인 연방준비제도이사회는 위원 10명의 만장일치로 기준금리인기존 0.00퍼센트~0.25퍼센트에서 0.25퍼센트포인트를 올리기로 결정했다. 9년 만에 처음으로 올리는 기준금리 인상의 속도가 중요한것은 인상 속도에 따라 달러 강세 폭이 결정되고 이는 2년 연속 급락한 유가 반등 여부에도 결정적인 영향을 미치기 때문이다.

그런데 기준 금리인상과 관련한 정책에서 중요한 경제정책은 '점진적으로' 이루어진다는 것이다. 0퍼센트였던 금리가 어느 날 갑자기 3퍼센트, 5퍼센트로 오르는 일은 없다. 모든 것은 점진적으로 이루어진다. 중요하고 그에 따른 여파가 큰일일수록 점진적으로 이루어진다. 갑작스럽게 큰 폭으로 이루어지면 충격이 커지고 문제가 생기기 때문이다.

계절이 바뀌는 현상을 보면 우리는 점진적으로 진행되는 것을보게 된다. 계절이 점차적으로 바뀌는 지금도 환절기가 되면 알레르기 질환이나 감기와 같은 질병이 종종 발생한다. 날씨의 변화에 신체가 적응하지 못해 면역력이 저하되기 때문이다. 그런데 40도를 오르내리는 뜨거운 여름 날씨가 어느 날 갑자기 영하 10~20도의 겨울 날씨로 바뀌지 않는다. 그렇게 되면 인간을 비롯한 지구상의 모든 동식물들은 멸종하고 말 것이다.

그래서 계절은 봄이 지나고 여름이 오고 여름이 지나 가을이 오고 가을이 지나야 겨울이 오는 식으로 점진적으로 변하는 것이다. 이러한 자연의 순리는 우리에게 많은 것을 말해준다. 점진적으로 변해야만 살아남을 수 있고 그렇게 변해야만 동식물들이 적응한다는 것을 말이다. 이러한 자연의 원리가 양질전환에도 적용된다. 점진적으로 변화를 시켜야 한다. 그렇지 않고 단번에 도약하려고 하면 무리가 생기고 문제가 발생한다.

웨이트 트레이닝을 할 때, 매일 20킬로그램을 들던 사람이 어느날 25킬로그램을 들게 되면 일시적으로 근육은 놀라고 충격을 받게된다. 그런데 신체는 그 강도에 적응하기 위해서 그만큼 더 큰 근육을 만들고, 더 강한 근력을 발휘하도록 만들어진다. 그래서 무겁게 훈련하고 강도 높게 훈련할수록 근육과 근력도 운동 강도에 비례해서 커지게 되는 것이다. 근육훈련의 스킬에서 사용하는 '점진적 과부하'라는 용어는 근력, 근육의 크기, 지구력 등의 한계를 넓혀나가는 것으로 이전보다 근육을 더욱 강하게 만드는 기본 과정이라고 설명한다. 근력을 기르기 위해서는 중량을 계속 늘려나가야 하고, 근육을 키우려면 중량뿐만 아니라 세트 수도 늘려야 한다. 근지구력은 세트 사이 휴식시간을 줄이거나 반복 수를 늘려야 향상된다. 이렇게 모든 것을 점진적으로 변화시켜야 효과를 볼 수 있다. 점진적 과부하는 모든 훈련을 하는 데 있어 가장 중요한 개념이다.

웨이트 트레이닝의 가장 기본이 되는 '점진적 과부하'로 불리는 원칙은 미 육군 정형외과 군의관이었던 토머스 제이 델름이 2차 세계대전 때 군인 재활 프로그램으로 처음 개발한 것이다. 이 연구는 당시 해변에 어슬렁거리던 건달들이나 하는 운동으로 인식되던 보디빌딩을 의학 재활치료 수단으로 승화시킨 계기가 되었다. 오늘날 점진적 과부하는 웨이트 트레이닝뿐 아니라 피트니스, 고강도 트레이닝, 치료요법 프로그램을 포함한 다양한 종류의 트레이닝 프로그램의 기본 원칙으로 인식되고 있다.

'점진적 과부하' 이론에 의하면 근육은 일정한 과부하가 가해질 때 성장한다. 그보다 작은 부하에는 근육이 반응하지 않는다. 근육은 크고 강해지도록 강제로 만들지 않으면 성장을 이뤄내지 못하기 때문이다. 그러나 일단 근육이 충분히 적응하고 나면 위와 같은 성장은 멈추게 될 것이다. 그렇다면 또 다시 이전보다 더 큰 부하를 가해야 발전할 수 있다. 위와 같은 저항을 증가시키는 것은 점진적으로 해야 한다. 그렇지 않으면 근육이 놀라 부상을 당할 수 있다.

시행착오의 가치

내 몸뚱아리만 한 금덩어리를 주더라도 내 경험과 바꾸지 않겠다.
| 앙드레 코스톨라니, 주식투자자 |

살면서 시행착오를 하지 않고 살아갈 수 있는 사람이 있을까? 그렇다면 그는 수년 내에 자신이 원하는 모든 것을 획득하고 성취할 수 있을 것이다. 필자 역시도 살면서 수많은 시행착오를 해왔다. 과거에도 그러했지만 앞으로도 그럴 것이다. 인생은 시행착오의 연속이기 때문이다.

기억나는 가장 큰 시행착오의 사건은 결혼 후 얼마 안 되어, 전셋집의 보증금을 날린 사건이다. 두 번째 살던 전세집에서 이사한 후 바쁘다는 이유로 바로 전입신고를 하지 못했다. 일주일 만에 뒤늦게 전입신고를 하러 갔더니, 그 사이에 집주인이 우리에게 말도 하지 않고서 집을 매도해 버렸다는 것을 알게 되었다. 문제는 집을 매매하면서 매입한 사람이 그 집을 담보로 제2금융권에서 최대한으로 담보대출을 받은 것이다. 우리로부터 전세금을 받아간 상태에서 주택담보대출로 또 대출을 받은 것이다. 결과적으로 주택담보대출일보다 전입신고일이 늦어지게 된 것이다.

작정하고 이런 방법을 취한 그들은 주택담보대출금과 전세금을 이중으로 취한 채 종적을 감추었다. 세입자가 살고 있는지 여부도 확인하지 않고 대출을 내준 은행도 문제지만, 담보대출 이전에 전입신고를 하지 못한 1차적인 책임이 내게 있기 때문에 경매로 넘어가도 배당의 순위에서 밀린 것이다. 다행히 경매 과정에서 보증금의 일부를 되찾긴 했지만, 신혼 초에 수천만 원이라는 큰돈을 날린 이 사건의 여파로, 몇 달 동안 힘들게 보냈다.

지금 와서 이렇게 얘기할 수 있지만 당시에는 현실로 받아들이고 싶지 않은 충격적인 일이었다. 이 또한 시행착오의 경험으로 생각한다. 그전에도 이걸 몰랐던 것은 아니지만 설마 그런 식의 부동산 사기가 내게 발생할 것이라고 생각하지 못하다가 실제 맞닥뜨리고 보니 정신이 번쩍 든 것이다. 그래서 당연히 그 뒤로는 무슨 일이 있어도 이사하는 날 전입신고를 반드시 한다. 값비싼 수업료를 낸 것이다. 내가 부동산 사기의 이 사건을 시행착오라고 생각하는 것은 그런 사기 사건이 없었다면 이사 직후에 전입신고를 반드시 하는 일을 지금도 아주 중요한 일로 여기지 않았을 가능성이 있기 때문이다. 그랬다면 더 큰 규모의 사기를 당했을지도 모른다.

방법과 형태는 다를지라도 다른 이런 식의 크든 작든 시행착오를 겪어왔을 것이다. 경제적인 손해를 본 경우도 있을 것이고 시간적인 손해를 본 경우도 있을 것이며 사람을 잃는 시행착오일 수도 있다. 그런데 시행착오는 불가피하다. 하지만 시행착오의 경험을 통해 성장하는 것이 인간이기도 하다. 그래서 시행착오의 경험이 소중한 것이다.

이런 시행착오의 과정을 학습으로 승화시킨 학자가 있다. 미국의 심리학자이자 교육학자인 에드워드 리 손다이크는 100년도 전에 고양이를 사용한 한 실험을 통해 시행착오를 학습의 경지로 끌어올렸다. 그는 먼저 고양이를 '손다이크의 문제상자'라고 불리는 상자 속에 집어넣었다. 상자는 모두 열다섯 종류의 여러 가지로 설계되었는데, 각 상자는 레버를 누르거나 끈을 잡아당기면 문이 열리는 구조였다.

상자 속에 들어간 고양이는 처음에는 밖으로 나가려고 이리저리 움직이고 발톱으로 창살을 긁어대며 벽의 이곳저곳으로 몸으로 미는 등의 부질없는 행동만 했다. 그러다가 우연히 레버를 밟아 밖으로 나오게 됐다. 그러자 다시 그 고양이를 상자 속에 집어넣는데 이러한 과정을 여러 번 되풀이하는 가운데 고양이는 불필요한 소모적 행동을 생략하고 우연히 터득한 요령에 의해 더 빨리 밖으로 탈출하게 됐다.

손다이크는 고양이가 처음에는 계속 실패를 했지만 우연히 레버 작동법을 발견해 해결 방법을 찾아냈다고 생각했다. 이처럼 우연한 성공을 수반한 학습을 '시행착오학습'이라고 한다. 우리가 익숙하게 알고 있는 '시행착오'는 손다이크의 이 실험에서 비롯한 것이다. 새로운 환경에 처하거나 낯선 어떤 일을 처음 시작할 때 우리는 하나씩 시험해보면서 그 문제를 해결하려고 한다. 이러한 시도 중에는 결과적으로 해결책을 가져다주는 것도 있고 또 실패로 끝나는 것도 있다. 하지만 여러 가지 방법을 시험해보는 중에 해결책을 발견하고 그 방법을 선택한다.

시행착오를 거듭하면 차차 필요 없는 행동을 하는 횟수가 줄어들고 마침내는 정확한 행동을 무리 없이 할 수 있게 된다. 즉 '효과의 법칙(활동 결과에 만족하게 되면 그 활동을 되풀이하려는 경향이 있고 만족하지 않으면 반복을 피하려는 경향이 있다는 법칙)'에 의해 틀린 행동 중에서 옳은 행동을 선택, 학습하게 되는 것이다. 문제가 어려워 해결의 전망이 서지 않을 때에는 아무렇게나 시행착오를 시도하고 그 결과 중간에서 가능성을 얻음으로써 문제를 해결하는 예가 많다.

시행착오의 경험이 가장 중요하게 작용하는 분야 중의 하나가 주식투자일 것이다. 오죽했으면 헝가리 출신의 세계적인 투자자 앙드레 코스톨라니의 말처럼, 시행착오의 경험이 자신의 몸뚱이만 한 금덩어리보다 더 소중한 것이라고 할 정도니 말이다. 무엇을 하든 시행착오를 하지 않고 나아갈 수는 없다. 무엇이든 처음부터 잘하는 사람은 없다. 모든 과정이 시행착오를 동반한다. 최고의 발명가들도 수많은 시행착오를 통해 결과를 만들어내고, 세계적인 선수들도 숱한 시행착오의 경험 속에 최고의 위치에 오른다. 그들에게 시행착오는 해서는 안 되는 실수가 아니라, 최종 결과를 만들어내기 위한 불가피한 피할 수 없는 과정이다.

따라서 중요한 것은 실수가 아니라, 실수를 두려워하지 않고 계속 시도하는 것이다. 최종적으로 어떤 일을 잘하게 되는 사람과 그렇지 않은 사람의 결정적인 차이는 실패와 실수를 감수할 용기가 있느냐 없느냐의 차이다.

교도소 벽을 분홍색으로 칠한다면?

1969년, 스탠포드대의 심리학자 필립 짐바르도 교수는 흥미로운 실험을 했다. 한 골목에 보존 상태가 동일한 두 대의 자동차를 일주일간 방치해두었다. 그런데 한 대는 보닛만 열어놓고, 다른 한 대는 보닛도 열고 자동차 번호판도 없이 창문이 깨진 상태로 방치한 상태였다. 일주일이 지나서 보니 보닛만 열어둔 자동차는 별다른 변화가 없었다. 하지만 유리창이 깨진 채로 두었던 자동차는 배터리와 타이어가 전부 없어지고 낙서, 쓰레기 투기가 일어나 일주일 만에 완전히 고철 상태가 될 정도로 파손되었다.

이러한 실험 등을 근거로 미국의 범죄학자인 제임스 월슨과 조지 켈링은 깨진 유리창 이론을 발표했다. 이 이론은 1982년 3월 〈더 애틀랜틱 먼슬리〉지에 '낙서, 유리창 파손 등 경미한 범죄를 방치하면 큰 범죄로 이어질 수 있다'는 사회 무질서에 대한 범죄 심리학 이론을 제시했다. 그들은 본문에서 다음과 같은 예시를 들어 '깨진 유리창 효과'를 설명하고 있다.

창문들이 깨진 채로 방치된 빌딩을 생각해보라. 그 창문들이 수리되지 않은 채 있다면 공공기물 파괴자들은 더 많은 창문을 깨려고 할 것이다. 그들은 심지어 빌딩에 들어갈 수도 있고, 그리고 빌딩이 비어 있다면 무단점유자들이 들어가 불을 지를지도 모른다. 사람들이 다니는 인도를 생각해보라. 쓰레기가 쓰레기를 부른다. 곧 더 많은 쓰레기가 쌓이게 된다. 사람들은 테이크아웃 식당에서 먹다 남은 음식과 쓰레기 박스를 버릴 것이고 차들도 무단 점유하게 될 것이다.

깨진 유리창 하나를 방치해 두면 그 지점을 중심으로 범죄가 확산되기 시작한다는 이 이론은 사소한 무질서를 방치하면 큰 문제로 이어질 가능성이 높다는 의미를 담고 있다.

삼 밭에 난 쑥은 세워주지 않아도 곧게 서고

하얀 모래도 진흙과 만나면 물들이지 않아도 더러워지며

먹을 가까이하면 검게 물들고 붉은 인주를 가까이하면 붉게 되니

거주를 정할 땐 이웃을 살펴 정하고 나아갈 땐 덕 있는 사람에게로 가라.

蓬生麻中 不扶自直

白沙在泥 不染自汚

近墨者黑 近朱者赤

居必擇隣 就必有德

《소학(小學)》 중 근묵자흑(近墨者黑)'이라는 말이 나오는 구절이다. 먹을 가까이 하면 검어진다는 뜻으로, 나쁜 사람과 가까이 하면 나쁜 버릇에 물들게 됨을 이르는 말이다. '까마귀 노는 곳에 백로야 가지마라'는 우리의 속담도 같은 의미를 담고 있다. 마중지봉(麻中之蓬)이라는 말도 나온다. 삼밭에 나는 쑥이라는 뜻으로, 구부러진 쑥도 삼밭에 나면 저절로 꼿꼿하게 자라듯이 좋은 환경에 있거나 좋은 벗과 사귀면 자연히 주위의 감화를 받아서 선인(善人)이 됨을 비유해 이르는 말이다. 그만큼 사람에게 환경이 중요하다는 얘기다.

건장한 청년에게 한쪽 팔을 들어 올리고, 올린 팔을 누르는 힘에 저항하도록 했다. 청년에게 파란색 마분지를 1분 정도 보게한 뒤 같은 일을 했을 때는

저항력에 별 차이가 없었다. 그런데 마분지가 분홍색이 됐을 때 힘이 순식간에 빠졌다. 대상자 153명 중 두 명을 빼고는 모두 같은 반응이었다.

미국 워싱턴주 생물사회연구소의 실험심리학자인 알렉산더 샤우스 교수는 1979년, 이 실험을 학술지 〈분자교정 정신의학〉에 실었다. 이 실험은 미국 시애틀 해군교도소 교도관에게 엄청난 힌트를 주었다. 해군교도소의 선임중위인 진 베이커와 교도소장 론 밀러는 이 실험에 착안해 유치장 하나를 온통 분홍색으로 칠했다. 그리고는 그 분홍색 감방의 죄수들의 심리적 특색을 관찰하였다.

그 후 7개월 동안 성나고 흥분한 상태였던 새로 온 수감자들이 분홍색 방에 들어간 후 15분만 지나면 이내 조용해지는 것을 목격하게 되었다. 교도관들의 보고에 따르면 보통 매우 공격적인 성향을 보이는 새로 온 수감자들이, 7개월의 실험 기간 동안에는 단 한 건의 폭력 사건도 일으키지 않았다고 한다.

이에 영향을 받은 미국 전역의 다른 교도소에서도 특별 유치장의 벽을 분홍색으로 칠하기 시작했다. 그리고 작은 군 단위 구치소에서도 난폭한 술주정뱅이들을 분홍색 유치장에 밀어 넣기 시작했다. 이 색채는 그때부터 '주정뱅이 유치장의 분홍색(Drunk Tank Pink)'이라는 별명을 얻게 되었다.

함께 달리면 성적이 더 좋아진다

미국 인디애나대 심리학과 교수였던 노먼 트리플렛은 1898년에 미국 심리학 저널에 발표한 논문에서 사이클 선수들이 혼자 달릴 때보다는 여럿이 함께 달릴 때 더 좋은 기록을 낸다는 사실을 공개했다. 다른 모든 조건은 같았는데도 누군가가 나와 비슷한 속도로 옆에서 같이 달린다는 사실만으로 선수들은 저절로 더 빠른 속도를 낸 것이다. 그래서 이번에는 또 다른 실험으로 확인해보기로 했다. 40명의 아이들에게 릴낚싯대를 주고 낚싯줄을 감아올리게 해봤다. 역시 혼자서 낚싯줄을 감을 때보다는 낚싯줄을 감는 다른 아이가 옆에 있을 때 아이들은 더 빨리 낚싯줄을 감아올렸다.

이처럼 혼자 있을 때보다 다른 사람이 곁에 있으면서 자신을 지켜볼 때 어떤 일을 더 잘하게 되는 현상을 '사회적 촉진'이라고 말한다. 사회적 촉진 현상을 처음 보고한 노먼 트리플렛은 최초의 사회심리학자로 불린다. 이는 최초의 사회심리학 실험이라고 할 수 있는 이러한 실험을 실시했기 때문이다. 사회적 촉진 현상은 일상생활에서도 쉽게 발견할 수 있다. TV에서 축구를 보더라도 혼자 볼 때보다는 여럿이 같이 볼 때 감동과 감흥이 큰 것도 일종의 감정의 사회적 촉진 현상이다. 혼자 자기 방에서 공부를 할 때보다 남들과 같이 공부할 수 있는 도서관이나 독서실에서 더 공부가 잘 되는 것, 혼자 뛰는 달리기보다 여럿이 같이 뛰는 달리기가 더 높은 기록을 올리는 것도 그렇다. 그래서 마라톤을 할 때, 최고의 선수에게 의도적으로 페이스 메이커를 붙이는 것이 당연한 일이 되었다.

사회적 촉진 현상이 발생하는 이유에 대해서는 몇 가지 가설이 있다. 그중 가장 유력한 가설은 주위에 사람이 있을 때 심리적으로 더 긴장을 한다는 이론이다. 어느 정도 긴장을 많이 하면 의욕도 높아지고 주의력도 더 높아진다. 장시간 혼자 있을 때에는 일정 시간이 지나면 주의력이 흩어지기 쉽지만, 누군가 옆에 있으면 이를 의식해서 더 열심히 하게 되고 그 결과 효율이 높아진다는 것이다.

위나라·촉나라·오나라의 삼국시대에 오나라에 여몽(呂蒙)이라는 장수가 있었다. 그는 어려서 매우 가난하여 글을 읽고 공부할 형편이 되지 못하였다. 그러나 그는 무공을 쌓아 전쟁에서 세운 공로로 장군이 될 수 있었다. 그의 군주인 손권은 학식이 부족한 여몽에게 책을 읽으며 공부하라고 권하였다. 독서할 여유가 없다는 여몽에게 손권은 자신이 젊었을 때 글을 읽었던 경험을 들려주고, 현재까지도 역사와 병법에 관한 책을 계속 읽고 있다면서 "후한의 황제 광무제는 변방일로 바쁜 가운데서도 손에서 책을 놓지 않았으며 (수불석권, 手不釋卷), 위나라의 조조는 늙어서도 배우기를 좋아하였다"라는 이야기를 들려주었다.

이후에 깨달은 바가 있어 여몽은 전장에서도 학문에 정진하였다. 그 뒤 같은 손권의 신하인 노숙이 옛 친구 여몽에게 찾아와 대화를 나누다가 몰라보게 박식해진 여몽을 보고 놀랐다. 노숙이 언제 그만큼의 학식을 쌓았는지 묻자, 여몽은 "선비가 만나서 헤어졌다가 사흘이 지난 뒤 다시 만날 때는 눈을 비비고 다시 볼 정도로 달라져야만 한다(괄목상대, 刮目相對)"고 말하였다.

《삼국지》의 '여몽전(呂蒙傳)'에 나오는 수불석권과 괄목상대에 대한 얘기다. '수불석권하니 괄목상대해진다'는 얘기다. 멀리 있는 친척도 이웃의 사촌만은 못하다는 말처럼, 뭐든 자꾸 봐야 친해지고 익숙해진다. 그러기 위해서는 이 수불석권의 고사성어처럼 손에 늘 책을 두는 것과 같은 좋은 습관을 만들어야 한다. 책을 가까이 두고 있게 되면 정말 할 일이 없어서라도 꺼내 보게 된다. TV를 가까이에 둔 사람은 무의식적으로도 TV를 켜게 된다. 주머니에 늘 스마트폰이 있으면 수시로 스마트폰을 꺼내 인터넷 검색이든 뭐든 하게 된다. 이렇듯 책을 가까이에 둔 사람은 책을 자꾸 볼 수밖에 없게 되고 그러다 보면 어느새 책과 친하게 된다.

책은 빌려 읽을 수도 있지만 가능한 사는 것이 좋다. 그렇게 사서 집이든 사무실이든 가까이 두고 있으면 당장 못 읽더라도 언젠가 읽어보게 되기 때문이다. 이런저런 이유로 사서 쟁여두었다가 몇 년이 지난 뒤에 읽어볼 수도 있지만 그래도 가까이 두고 있었기에 한참 지난 뒤라도 보게 되는 것이다. 또한 감동 깊게 읽었던 좋은 책은 몇 년이 지난 우연히 또는 심심해서 책장을 살펴보다가 다시 읽어보게 된다. 그럴 때면 왜 그토록 오랫동안 이 책을 다시 안 읽었는가 하는 생각이 들기도 한다.

일반적으로 거의 모든 집에 보면 책들이 꽂혀 있는 책장은 작은 방의 한 귀퉁이를 차지하고 있는데 비해 거실의 한복판에 TV가 자리 잡고 있다. 필자는 반대가 되어야 한다고 생각한다. 집에서 TV를 없애는 것도 좋은 방법이지만 그게 여의치 않으면 TV를 작은 방의 구석으로 보내고 책장이 거실로 나와야 한다고 생각한다. 그래야 수시로 보게 되는 것이 TV가 아니라 책이 된다. 최근에 우리집도 아이들 방에 있던 책장을 거실로 꺼내고 TV를 방으로 보냈더니 아이들이 책을 보는 시간이 그 전보다 늘어났다. 일상적으로 집에서 보내는 시간은 거실에서 보내는 절대시간이 더 긴데, 그 공간에 책이 가까이 있으니 책과 친해지는 것이 더 자연스럽게 된 것이다.

부처 눈에는 부처만 보인다

어느 날 이성계와 무학대사가 한가로이 바둑을 두다가 이성계는 장난기가 발동하여 말했다. "대사, 대사는 돼지같이 보이네요." 이에 무학대사가 "제가 보기에 상감은 부처처럼 보입니다"라고 했다.

그러자 이성계가 "아니, 스님! 내가 스님을 돼지라고 놀리면 스님도 나를 무어라 흉보셔야 재미가 있지, 나를 부처라고 하니 농담하려던 내가 재미없지 않습니까?" 이에 무학대사 말하기를 "개 눈에는 똥만 보인다고, 돼지 눈에는 돼지가 보이고 부처 눈에는 부처만 보이는 법입니다."

이성계와 무학대사의 대화에서 볼 수 있듯이 '개 눈에 똥만 보인다'는 말은 놀림조의 뉘앙스를 담고 있긴 하지만 일상생활에서 우리가 이 말을 사용할 때는 꼭 그런 것만은 아니다. 자기 하는 일을 낮춰 표현하되, '한 가지 일에만 빠져 있다보니 보이는 모든 것들이 그 일을 중심으로 보인다'는 의미로 사용되는 경우가 많다. 영어에도 비슷한 표현이 있다. "황달 걸린 사람에게는 모든 것이 노랗게 보인다(Everything looks yellow to the jaundiced)."

심리학적으로 이러한 현상을 '선택적 주의집중'이라고 한다. 자신의 관심사와 관련된 것들만 중요하게 보고 나머지 것들은 무시한다는 것이다. 관심이 없으면 눈을 뜨고 있어도 보이지 않고 귀를 열어 놓고 있어도 들리지 않는다. 한마디로 '자신이 원하는 것만 보인다'는 것이다. 인간의 뇌가 그렇게 구조화되어 있기 때문이다. 저명한 심리학자 윌리엄 제임스는 '심리학의 원리'에서 주의집중을 다음과 같이 정의하였다.

모든 사람은 주의집중이 무엇인지를 안다. 주의집중은 동시에 여러 개의 가능한 대상 또는 연속된 사고 중에서 하나를 명확하고 생생한 형태로 마음속에 소유하는 것이다. 그것은 어떤 것을 효율적으로 다루기 위해 다른 것들을 소거하는 것을 의미한다.

서양 사람들은 칵테일을 마시면서 대화를 나누는 칵테일파티 문화가 있다. 그런데 이런 파티나 공공장소 등 여러 사람들이 모여 한꺼번에 이야기하는 장소에서도 자신의 이름이 불리거나 자신이 관심을 가지는 특정한 이야기는 귀에 들어와 박힌다. '선택적 주의집중'의 대표적인 현상이 이런 칵테일파티 효과다. 이는 일찍이 1953년 영국의 심리 인지학자 콜린 체리 박사에 의해 제안된 이론이다.

당시 영국의 공항에서는 관제탑에서 발생하는 크고 작은 사고들로 혼란을 겪는 일이 많았다. 이 문제를 해결하기 위해 공항에 파견된 사람이 콜린 체리 박사다. 비행기의 이착륙을 허가하거나 비행 상태 등을 보고받는 일을 하는 당시 영국의 관제탑에서는 하나의 스피커를 통해 동시에 여러 비행사들의 보고가 들어오곤 했다. 이런 점에 착안해 체리 박사는 관제탑 직원들을 대상으로 하나의 스피커에서 동시에 두 명의 목소리가 들리게 한 후 그 보고 내용을 어떻게 접수하는지 지켜보기로 했다.

그 결과 관제탑 직원들 대부분이 두 명의 목소리 중 한 사람의 목소리에만 주의를 기울인다는 것을 발견할 수 있었다. 또 소리를 듣는 사람은 자신이 좋아하는 목소리의 톤, 속도, 성별 등 자신의 기호에 따라 상대방의 메시지를 잡아내는 것이 달라진다는 것도 알아낼 수 있었다. 이것은 곧 여러 명의 비행사가 동시에 보고를 했을 경우 관제탑 직원이 한 사람의 목소리만 집중해서 듣고 다른 비행사의 보고 내용을 놓침으로써 공항의 혼란을 야기할 수도 있다는 것이었다.

이러한 현상은 특정 직업군에만 일어나는 것이 아니라 일반적으로 누구에게나 일어나는 현상이다. 사람들은 특히 여러 가지 정보들 중에서 자신과 연관되어 있거나 관심 있는 특정 사안에 대해서는 선택적으로 자각할 수 있는 능력이 있고, 아무리 어려운 환경에서도 이를 포착해내려는 심리가 작동한다는 것이다. 콜린 체리는 이런 현상을 시끄러운 칵테일파티에서 희미하게 들리는 자기 이름을 듣고도 반응하는 현상에 빗대어 '칵테일파티 효과'라고 부르기 시작했으며, 이런 칵테일파티 효과는 한 번 들은 소리가 귀에 오랫동안 남아있는 잔향기억에서 일어나는 현상이라고 밝혔다.

실제로 2012년 4월, 캘리포니아대학의 니마 메스가라니와 에드워드 창 연구팀은 칵테일파티 효과가 두뇌 움직임과 관련이 있다는 주장을 과학적으로 입증해 화제가 되었다. 이 실험에서 실험자가 여러 음성 중에서 단 하나의 음성에 반응하는 것이 두뇌 스펙트럼 사진을 통해 관찰된 것이다. 주식 투자하는 사람은 모든 것이 주식과 관련된 것으로 보이고, 요리사에게는 모든 것이 요리와 관련되어 보이고, 사업가에게는 모든 것이 사업과 관련되어 보인다. 당구를 배우는 사람들이 한창 물이 오를 때는 눈을 감아도 당구대가 보인다고 하지 않는가. 개 눈에 똥만 보인다는 말은 '극단적인 관심'의 다른 표현이다. 오직 자기의 관심사에만 집중하는 것이다.

역사적으로 위대한 인물은 편집증 환자라는 말이 나는 사실이라고 믿는다. 자기 분야에 자폐증과 같은 정도의 몰입력이 있어야 그런 성취를 이룰 수 있다고 생각하기 때문이다. 이번 장의 원리는 양질 전환의 법칙에서 다른 무엇보다도 중요한 원리다. 어쩌면 다른 원리를 가능케 하는 것이 이 원리인지도 모른다. 자기 일에 깊게 빠지면 문제도 문제로 보이지 않고 해결책만 보인다.

개 눈에는 똥만 보이듯이 자신이 하는 일만 보여야 한다. 모든 결론은 그 하나에 집중되어야 한다. 밥을 먹어도 화장실에 가도 책을 봐도 주말에 아무것도 안 하더라도 말이다. 그래야 답이 나온다. 위대한 발견을 한 이들이 큰 성취를 이룬 이들이 그러한 결과를 낼 수 있었던 것은 그것만 생각하고 훈련했기 때문이다.

양질전환
법칙의
4대
구성요소

10

×

"말할 때는 오로지
말 속으로 들어가라.
걸을 때는
걷는 그 자체가 되어라.
죽을 때는 죽음이 되어라."

×

선가(禪家)에서 내려오는 말

자연에는 자연법칙이 있듯이 인간 사회에도 사회법칙이 있다. 사회법칙은 도덕과 윤리로, 예절 또는 법과 종교의 형태로 나타난다. 그리고 이러한 큰 주제는 하위 요소들을 토대로 이루어진다. 필자는 오랜 경험과 연구를 통해 양질전환 법칙이 작동하기 위해서는 다음의 네 가지 핵심 구성 요소가 필요하다는 것을 확인할 수 있었다.

1. 시간(Time)

어려움이라는 것은 해결하는 데 시간이 좀 걸리는 일이다. 불가능이란 것은 그보다 조금 더 시간이 걸리는 일이다.
| 프리드쇼프 난센, 1922년 노벨평화상 수상자 |

초등학교 1학년 때다. 학교 가는 길에 번데기가 누에고치 집을 벗기 위해 안간힘을 쓰는 모습을 본 적이 있다. 한참을 지켜보아도 진전되는 것이 없어 보여서 안타까운 마음으로 딴에는 도와준다고 고치 집을 손가락으로 쭉 벗겨주었다. 그리고는 학교가 끝나고 집에 오는 길에 들여다보니 번데기가 누에고치 집 안에 죽어 있었다. 어린 마음에 도와준다고 한 일이지만, 그때는 그러한 곤충의 변화의 과정에 시간이 걸린다는 이치를 알지 못해 어리석은 짓을 한 것이다.

양질전환은 패스트푸드점의 햄버거처럼 주문하면 바로 나오는 것이 아니다. 질적인 변화를 이루기 위해 온전한 변화를 위해서는 시간이 걸리는 것은 필수불가결하다. 양질변화의 법칙의 첫 번째 요소인 시간이 걸린다는 것은 100미터 달리기가 아니라 42.195킬로미터를 달려야 하는 마라톤과 같다는 전제를 가지고 출발한다. 마라톤을 뛰는 사람이 100미터 달리기를 하듯이 처음부터 전력질주를 한다면 그냥 제풀에 지쳐 쓰러지고 말 것이다. 2시간이 넘는 동안 달린다는 느긋하고 꾸준함 마음으로 레이스를 달려야 목표를 이룰 수 있다. 또 그런 사람만이 중도에 탈락하지 않고 온전히 버틸 수 있다.

자연이 제공하는 양질전환의 모습을 숙성과 발효에서 어렵지 않게 찾을 수 있다. 숙성(熟成)은 음식을 자연 상태에서 그대로 두어 스스로 분자구조를 작게 분해하는 과정이다. 이때 효소 등에 의해 숙성이 되는 과정을 발효(醱酵)라고 하고 이 과정을 과도하게 진행하면 세균에 의해 부패하게 된다. 일반적으로 자연 상태의 숙성은 오랜 시간이 걸려 음식의 맛을 좌우하게 된다. 음식의 분자구조는 대부분 고르지 못하고, 이 분자 구조들 사이에 세균이 번식하게 되는데 세균은 성장 환경이 적절한 상태가 되면 기하급수적으로 번식하여 음식을 부패시킨다. 적절한 숙성은 음식의 맛을 끌어올리고 효소를 이용한 발효는 전혀 새로운 음식의 형태를 만들어내기도 한다.

우리가 보통 양주라고 말하는 위스키는 보리, 옥수수, 호밀 등의 곡물을 가지고 발효과정을 거쳐 증류시킨 뒤 오크통에 넣어 숙성시킨 것이다. 그런데 위스키의 연식을 보면 대부분이 12년이니 17년이니 21년이니 하는 식으로 홀수로 나온다. 이는 대부분의 위스키가 숙성 과정 중에 그 맛이 가장 정점에 이르는 주기가 존재하는데 그 주기가 대부분 12년, 17년, 21년 전후이기 때문이다. 이 주기에 따라서 만들어진 제품이 대세인 것이다. 술의 숙성 과정은 발효된 술을 적절한 용기에 넣어 장기간 보관해 맛과 향을 깊고 풍부하게 하는 과정이다.

양주 17년산이나 21년산, 또는 10년, 20년 묵은 포도주는 값도

비싸고 향도 진하다. 포도주의 경우 모든 포도주가 오래되었다고 맛이 좋은 것은 아니다. 포도의 종류와 품질 등에 따라 숙성과 보관이 가능한 기간이 달라진다. 사실 시중에 나온 대부분의 포도주는 장기 보관하면 상해 마실 수 없게 되는 것들이 대부분이다. 통상 숙성과정을 통해 천천히 맛이 좋아지고 장기 보관이 가능한 포도주가 고급 포도주다.

"너 자신의 시간을 알라"

고대 로마는 기원전 8세기경 이탈리아 중부의 작은 마을에서 도시 국가로 시작해 1453년 오스만투르크에게 멸망당할 때까지 2천여 년을 지속한 인류 역사상 가장 오래 지속한 국가다. 고대 로마는 고대 그리스, 오리엔트, 셈족, 서유럽 켈트, 게르만 등 문화의 용광로였고 현대 사회의 법, 정치, 전쟁, 예술, 문학, 건축, 기술, 언어 분야의 기틀이 됐다.

시오노 나나미의 《로마인 이야기》에는 로마인들이 나라의 초석을 세우는 과정에서부터 그 조그만 땅에서 점점 영토를 확장해가는 과정과 그 결과 늘어나는 인구를 어떻게 수용해가는지, 또 정치기구 확립 과정을 통해 결국 대로마 문명권을 어떻게 이루어나가는지를 생생하게 볼 수 있다. 특히 왕정을 벗어나 공화정으로 자리잡고 체계가 다듬어지는 과정을 보면 로마가 그토록 강대국이 되고 오랜 역사를 유지하게 된 데에는 다 이유가 있다는 것을 알게 된다.

그러한 지난한 과정을 통해 탄탄한 초석을 다졌기에 고대 로마가 공화정 체제와 기독교 제국의 시작을 알렸고, 유럽과 아프리카 문명, 동양과 서양 문명의 교류를 이끌게 된 것이다. 로마의 라틴어와 법률 체계는 지금도 서양 문명의 근간을 이루고 있다. 비잔틴 제국(중세 로마)을 포함하면 무려 2000년이나 유지된 인류사에 유례를 찾기 힘든 이 다민족 국가의 역사는, 역사적으로 가장 오래된 제국이 하루아침에 만들어지지 않았다는 것을 보여주는 가장 대표적인 예라고 할 수 있다.

1508년~1512년은 미켈란젤로가 시스틴성당의 천지창조를 제작한 시기다. 1508년 교황 율리우스 2세는 미켈란젤로에게 시스티나성당의 천장화를 그리는 일을 맡긴다. 미켈란젤로는 4년 동안 작업의 프로그램을 짜고 거기에 따라 일을 진행해나갔다. 사람들의 출입을 통제하고 천장 밑에 세운 작업대에 앉아 고개를 뒤로 젖힌 채 천장에 물감을 칠해나가는 고된 작업이었다. 이로 인해 목과 눈에 이상이 생기기도 했지만 그는 모든 고통을 극복하고 4년 만에 이 대작을 완성하였다.

《사기(史記)》는 중국 역사상 가장 위대한 저작 중의 하나로 손꼽힌다. 동시에 또 하나의 위대한 전기 문학의 거작으로 중국의 후세 문학에 심원한 영향을 미친 작품이다. 사기는 《본기(本紀)》 12권, 《표(表)》 10권, 《서(書)》 8권, 《세가(世家)》 30권, 《열전(列傳)》 70권으로 구성된 기전체 형식의 역사서로서, 중국의 전설상 오제(五帝)의 한 사람이었다는 요(기원전 22세기)에서 기원전 2세기 말의 전한 무제(武帝)까지를 다루고 있다. 그 서술 방식은 후대 중국의 역사서, 특히 정사를 기술하는 한 방식의 전범(典範)이 되었고, 유려한 필치와 문체로 역사서로서의 가치 외에 문학으로서도 큰 가치를 지닌 서적으로 평가받고 있다.

사마천이 완성했다고 알려진 《사기》는 원래 그와 같은 역사책을 만들겠다는 그의 아버지 사마담 때부터 존재했었다. 그러나 사마담은 자신이 그 일을 완수하지 못하고 죽음을 맞게 되자 아들 사마천에게 자신의 뒤를 이어 역사책을 완수해줄 것을 유언으로 남겼다. 사마천은 그러한 아버지의 유언을 받들어 궁형을 당하는 치욕과 고통을 견뎌내고 대를 이어 《사기》를 편찬했다. 위대한 작품에는 오랜 시간이 걸렸던 것이다.

> 인간은 항상 시간이 모자란다고 불평하면서 마치 시간이 무한정 있는 것처럼 행동한다.
> | 세네카, 고대 로마 제국 시대의 정치가, 사상가 |

《프로페셔널의 조건》에서 피터 드러커는 일을 잘 하는 효과적인 사람들은 자기가 맡은 일부터 먼저 검토하지 않고 사용할 수 있는 시간을 먼저 고려한다고 말한다. 그리고 계획을 수립하는 것에서 출발하지 않고 자기가 사용할 수 있는 시간이 실제로 어느 정도인가를 파악하는 것에서 출발한다고 말한다. 무언가를 성취하는 과정에서 한계를 결정하는 것은 바로 시간이기 때문이다.

시간은 가장 희소한 자원이다. 시간을 관리하지 못하는 사람은 다른 아무것도 관리하지 못한다. 게다가 시간을 스스로 분석하는 것은 자신의 일에서 정말 중요한 것이 무엇인지를 깨닫게 하는 가장 쉬우면서도 체계적인 방법이다. 시간 사용에 있어서 핵심은 집중적으로 일할 수 있는 시간을 연속으로 확보하는 것이다.

보고서를 작성할 때 초안을 잡는 데에만 최소 6~8시간이 소요된다고 하자. 그 일에 한 번에 15분씩 두 번 할애하여 14일간 총 7시간을 들이는 것은 아무런 의미가 없다. 매번 얻은 것은 낙서로 가득한 메모지뿐이다. 그러나 만약 문을 걸어 잠그고 전화 코드를 빼놓은 채 방해받지 않고 연속으로 5~6시간 동안 보고서 작성에 전력투구한다면 내가 이름 지은 '제로 드래프트(zero draft)'를 완성할 수 있을 것이다. 그 다음부터는 비교적 시간을 잘게 쪼개고 원고를 장별로 나누어 다시 쓰고, 교정하고, 편집 작업을 할 수 있다. 실험에 있어서도 마찬가지다. 실험 장비를 갖추고 적어도 한 가지 실험을 마무리하려면 한 번에 5시간 내지 12시간을 연속적으로 할애해야 한다. 그렇지 않고 도중에 다른 일 때문에 시간을 빼앗기면 모든 걸 처음부터 다시 시작해야만 하는 상황이 발생하곤 한다.

| 《프로페셔널의 조건》 중에서 |

피터 드러커가 말하는 시간을 관리하는 3단계 과정은 다음과 같다.

1. 시간을 기록한다.
2. 시간을 관리한다.
3. 시간을 통합한다.

목표를 달성하기 위한 첫 번째 과제인 시간을 기록하는 것은 최소한 1년에 두 번 이상, 1회에 3~4주씩 정해진 스케줄에 따라 시간운용표를 스스로 기록하는 것을 의미한다. 시간 운용표를 기록한 뒤에는 스케줄을 다시 점검하고 수정하기도 한다. 그리고 6개월 후에는 우리가 많은 시간을 쓸데없는 일에 낭비하면서 흘려보내고 있다는 사실을 틀림없이 알게 된다.

둘째, 시간을 관리하는 지속적인 노력만이 시간의 낭비를 막을 수 있다. 시간 운용표를 기록하고 난 다음에는 체계적으로 시간을 관리해야 하는데, 시간을 낭비하는 비생산적인 활동을 찾아서 가능한 그것들을 제거해야 한다.

셋째, 시간을 기록하고 관리하게 되면 중요한 일에 투입할 수 있는 시간이 얼마나 되는지 파악할 수 있게 된다. 자유재량시간이 얼마나 되는지, 즉 진정으로 중요하게 생각하는 일에 투입할 수 있는 시간이 얼마나 되는지가 나오는 것이다. 그러면 자연스럽게 자유재량시간을 통합해야 한다는 것을 알게 된다. 방해받지 않는 연속적인 시간을 필요로 할 때 기록과 분석에 의해서 밝혀진, 정상적으로 사용할 수 있고 또 자신의 통제 아래에 둘 수 있는 시간을 연속적으로 묶는 것이다.

피터 드러커는 소크라테스의 '너 자신을 알라'는 유한한 인간에게는 거의 불가능한 정도로 어려운 일이지만 '너 자신의 시간을 알라'는 모든 사람이 원하기만 한다면 얼마든지 따를 수 있는 길이고, 결과적으로 목표 달성으로 나아갈 수 있는 길이라고 말한다. 하지만 시간은 제한되어 있다. 따라서 '지불할 가치가 있는 일만 해야 한다'는 생각을 마음에 새기는 것이 중요하다. 이는 삶의 단순화와 '오직 한 가지'만 한다는 정신을 필연적으로 수반한다.

2 쏜 화살이 돌에 깊이 박히다, 몰입(Flow)

말할 때는 오로지 말 속으로 들어가라. 걸을 때는 걷는 그 자체가 되어라. 죽을 때는 죽음이 되어라.

| 선가(禪家)에서 내려오는 말 |

전한(前漢)의 이광(李廣)은 영맹한 흉노족의 땅에 인접한 농서 지방 출신으로, 특히 궁술과 기마술이 뛰어난 용장이었다. 체격도 큰 데다 팔이 키에 비해 원숭이처럼 길었고 무인답지 않게 과묵했다. 또한 전공을 세워 받은 포상을 부하들에게 나누어주는 청렴함도 갖춘 인물이었다.

수나라 문제(文帝) 14년(B. C. 166), 이광은 숙관(肅關)을 침범한 흉노를 크게 무찌른 공으로 시종 무관이 되었다. 또 그는 황제를 호위하여 사냥을 나갔다가 혼자서 큰 호랑이를 때려잡아 천하에 용명을 떨치기도 했다. 어느 날 그는 황혼녘에 초원을 지나다가 어둠 속에 몸을 웅크리고 있는 호랑이를 발견하고 일발필살(一發必殺)의 신념으로 활을 당겼다. 화살은 명중했다. 그런데 호랑이가 꼼짝하지 않는다. 가까이 다가가 보니 그것은 큰 돌이었다. 그는 제자리로 돌아와서 다시 쏘았으나 화살은 돌에 닿는 순간 튀어 올랐다. 정신을 한데 모으지 않았기 때문이다.

여기서 나온 고사성어가 중석몰촉(中石沒鏃)이다. 쏜 화살이 돌에 깊이 박혔다는 뜻으로, 정신을 집중해서 전력을 다하면 바위에 화살을 박히게 하는 것도 가능하다는 것이다. 중석몰촉과 비슷한 말로 우리에게 더 익숙한 정신일도하사불성(精神一到何事不成)이라는 말이 있다. 정신일도하사불성에서 가장 중요한 것은 일도(一到)하는 것이다. 모든 정신을 '한 곳'에 집중해야 한다는 말이다. 돋보기로 불을 지필 수 있는 것은 태양의 엄청난 에너지를 분산시키지 않고 한 점에만 모았기 때문이다.

"글쓰기 하나에 자신을 충실하게, 정직하게 몰입하는 사람만이 자기 인생에도 몰입할 수 있다."

《뼛속까지 내려가서 써라》의 작가 나탈리 골드버그의 말이다. 그런데 이 말은 글쓰기에만 적용되는 것이 아니라, 다른 모든 분야에도 적용된다. 지금 자신이 하는 일에 온전히 몰입하는 사람이 다른 분야의 일을 해도 몰입할 수 있다. 사람을 판단하는 중요한 잣대로 그 사람이 자기 일에 얼마나 몰입을 하는지를 보면 알 수 있다. 자기 일에서처럼 다른 일에도 그 가치를 발견하게 되면 지금 하는 일에 열정을 가지고 몰입할 수 있는 것이다.

시카고대학의 미하이 칙센트미하이 교수는 최고의 성과를 내는 구체적인 메커니즘으로 '몰입'이라는 단어를 제시했다. 그가 말하는 몰입의 상태는 시간이 멈춘 듯이 천천히 가고 즐거움이 커지며 전혀 힘들지 않게 느껴질 만큼 어떤 일에 빠져든 상태다. 몰입은 삶이 고조되는 순간에 물 흐르듯 행동이 자연스럽게 이루어지는 느낌을 표현한 말이다. 운동선수가 말하는 '물아일체의 상태', 신비주의자가 말하는 '무아경', 화가와 음악가가 말하는 '미적 황홀경' 같은 것이다.

몰입은 명확한 목표가 주어져 있고 활동의 효과를 곧바로 확인할 수 있을 때 그리고 자신이 도전하는 과업과 자기가 가진 실력이 잘 맞아떨어질 때 느껴진다. 만약 과업이 너무 쉬우면 그 경험은 지루해지고, 너무 어려우면 절망감을 느낀다. 몰입을 경험해본 사람들은 어떤 일을 달성하면 반드시 더 큰 도전 과제를 찾고 몰입의 경험을 유지하기 위해 더 높은 실력을 갖추려 한다.

칙센트미하이 교수는 그렇게 열정을 가지고 적극적으로 삶에 뛰어드는 사람의 성격은 자기목적성으로 충만해 있다고 말한다. 자기 목적성을 뜻하는 영어 '오토텔릭autotelic'은 그리스어 'auto(자기)'와 'telos(목적)'가 결합한 말이다. 일 자체가 좋아서 할 때 그 일을 경험하는 것 자체가 목적이 될 때를 자기목적성이라고 하는 것이다. 자기목적성을 가진 사람은 원하는 일을 하는 것 자체가 이미 보상이 되기 때문에 물질적 수혜라든가 재미·쾌감·권력·명예 같은 별도의 보상이 필요하지 않다. 그 일을 하면서 몰입을 경험하므로 외부적 보상은 부차적인 것이다. 당연히 이런 사람은 더 자율적이고 독립적이 된다.

자기목적성을 가진 사람이 몰입의 상태에 쉽게 자주 들어가게 된다. 달리 말하면 몰입의 상태를 경험하고자 한다면 자기목적성에 맞는 일을 찾아 해야 한다는 것이다.

몰입은 주어진 조건에 대한 원인이기도 하지만 결과이기도 하다. 즉, 하려고 하는 일에 대해 몰입해서 그것 한 가지만 생각하면 그에 따라 결과물이 나오는 것이다. 책을 쓸 때, 연구를 할 때, 어떤 발견을 할 때 그 문제에 대해서만 계속 생각하면 어느 순간 문득 좋은 아이디어가 떠오르는 것이다. 몰입은 '지금' 그 일에 몰입하는 것과 '계속' 그 일에 몰입하는 것이 중요하다. 여기서 전자는 시간의 집중을 말하는 것이고 후자는 지속하기의 중요성을 말한다.

한 주제를 10년간 파고든 아인슈타인

실험 물리학자가 아닌 이론 물리학자였던 아인슈타인은 머릿속에서 항상 복잡한 시뮬레이션이 진행되고 있었다. 머릿속이 곧 실험실이었던 것이다. 그런데 그는 한 가지 생각으로 10년 이상의 세월을 보냈다. 16세 때부터 빛의 특성에 관심이 있었는데, 특히 "빛보다 빨리 달릴 수는 없을까?"라는 질문을 거의 10년 동안 파고든 끝에 특수상대성이론을 탄생시켰다. 나중에 물리학자들이 별의 비밀을 밝히고 원자폭탄을 만들 수 있었던 것도 특수상대성이론 덕분이었다. 그 후 26세부터 36세까지는 중력을 집중적으로 연구하여 일반상대성이론을 완성했고, 이로부터 블랙홀과 빅뱅이론이 탄생했다. 그리고 36세부터 세상을 떠날 때까지 물리학의 모든 법칙을 하나로 통합하는 '만물이론(Theory of Everything)'에 몰입했다. 하나의 문제를 놓고 10년 이상 고민하면서 평생을 보냈으니 그의 집중력은 가히 상상을 초월한다.

앞서 살펴본 1만 시간의 법칙을 제시한 앤더슨 연구의 또 다른 핵심은 1만 시간이라는 절대시간의 중요성과 더불어 '신중하게 계획된' 연습을 강조했다는 것이다. 이 연구가 발표된 논문 제목(The Role of Deliberate Practice in the Acquisition of Expert Performance)에서도 드러나듯이, 에릭슨이 정의하는 연습이란 '고도로 신중하게 계획된 연습'을 말한다. 에릭슨에 따르면 여러 분야에서 오직 혼자 있을 때만 '신중하게 계획된' 연습을 할 수 있다고 말한다. 달리 말하면 이는 충분히 몰입된 연습을 뜻한다. 단순히 그 분야에 오래 종사한다거나 아니면 주말에 취미활동으로 무언가를 해본다는 식의 연습이 아니라는 것이다. '신중하게 계획된 의도적인' 연습의 과정의 누적이 이루어져야 선천적 재능이 부족하더라도 어느 순간 평균을 훨씬 웃도는 전문가가 될 수 있다고 강조한다.

러시아 출신 세계적 바이올리니스트였던 나탄 밀슈타인은 어릴 적 스승에게 곡 하나를 제대로 연주하려면 하루에 몇 시간이나 연습

해야 하냐고 물었다. 스승은 이렇게 답했다. "아무 생각 없이 손가락
만 움직이면 하루 종일 연습해도 모자라지만, 온 신경을 연주에 모으
고 손놀림 하나하나에 집중해 연습하면 2~3시간이면 족하다."

다시 말해 연습에서는 절대시간의 투여보다 집중해서 하는 연
습이 중요하다는 것이다. 칙센트미하이는 몰입 상태에 도달하기 위
해서는 3가지 조건이 충족되어야 한다고 전제한다.

첫째, 명확한 목표가 있어야 한다. 분명한 목표는 성공적인 수
행 여부에 대한 구체적인 정보를 제시해주므로 자신이 의도한 행동
에 대해 개인적인 느낌을 강하게 갖게 되어 몰입을 경험할 가능성이
높다.

둘째, 즉각적인 피드백이 있어야 한다. 명확한 피드백은 목표달
성을 위한 구체적인 정보를 제공해주며 성취해야 할 목표와 관련하
여 수행자가 에너지를 적합하게 투입하는지를 평가하도록 해준다.

셋째, 도전과 능력의 균형이 이루어져야 한다. 과제의 도전 수
준이 자신의 학습능력 수준을 뛰어넘게 되면 학습자는 불안감을 느
끼게 되며, 불안감이 지속되는 경우 학습을 포기하게 된다. 반면 과제
의 도전 수준이 학습능력 수준보다 낮으면 무관심 상태가 되며, 학습
에 대한 흥미를 잃게 된다.

3. 일은 '점'이 아니라 '선'이다, 지속(Continue)

성공의 비결은 성공할 때까지 계속하는 것이다.

| 마쓰시타 고노스케(파나소닉 창업자) |

아주 먼 옛날 한 수도원에 늙은 수도승이 살고 있었단다. 이름은 팜베였지. 그는 죽은 나무 한 그루를 산에 심었단다. 그러고 나서 제자 제안 코롭에게 말했지. "나무가 다시 살아날 때까지 매일 물을 주도록 하여라." 어쨌든 제자 코롭은 매일 이른 아침 물통에 물을 담아 산에 올라가서 그 죽은 나무에게 물을 주고는 저녁이 되어서야 수도원으로 돌아오곤 했지. 그렇게 3년 동안 물을 주다가 어느 날 나무에 온통 꽃이 만발한 것을 발견했단다. 끝없이 노력하면 결실을 얻는 법이지. 만약 매일같이 정확히 같은 시간에 같은 행동을 반복한다면 늘 꾸준하게 의식과도 같이 말이다. 그러면 세상은 변하게 될 거야. 변하지. 변할 수밖에 없어.

안드레이 타르코프스키의 영화 '희생'에 나오는 대화의 한 구절이다. 이 영화는 세상의 종말을 가져올 끔찍한 전쟁이 발발하고 그 속에서 살아남은 주인공 알렉산더가 세상을 구원하기 위해서는 자신의 희생이 필요하다는 것을 알게 된다는 스토리다. 그리고 영화에 나오는 이 대사는 세상을 변화시키기 위해서는 믿음을 가지고 나무에 물을 주듯이 '꾸준히' 하는 것이 필요하다고 오늘 우리에게 말한다. 기적을 이루는 것은 특별한 어떤 것을 하는 것이 아니라, 무언가를 '꾸준히' 열심히 하는 것이라고. 세상의 어떤 큰 발견이나 발전도 오랜 시간의 꾸준함 없이 만들어지지 않았다. 앞서 언급한 바 있는 일본의 작곡가 히사이시 조는 자신의 오랜 경험을 바탕으로, 훌륭한 곡을 만드는 비결은 '계속' 곡을 쓰는 것이라며 다음과 같이 말한다.

나는 작곡가다. 작곡가의 기본 명제는 '훌륭한 곡을 만드는 것'이다. 누군가

'작곡가로서 가장 중요하게 여기는 것이 무엇입니까?'라고 묻는다면 나는 조금의 망설임도 없이 '계속 곡을 쓰는 것입니다'라고 대답할 것이다. 창조하는 일을 직업으로 삼기 위해서는 한두 개 훌륭한 작품을 만드는 것에 그쳐서는 안 된다. 평생 한 작품이라면 누구라도 훌륭한 작품을 만들 수 있다. 좋은 소설도 쓸 수 있고, 좋은 영화도 찍을 수 있다. 그 방면에 필요한 기술을 배워서 진심으로 도전하면 어떤 사람이라도 훌륭한 작품을 만들 수 있는 것이다. 하지만 일은 '점 點'이 아니라 '선 線'이다. 집중해서 아이디어를 내고 새로운 작품을 만들어내는 창조적인 작업을 '끊임없이' 해낼 수 있느냐 없느냐 그것이 관건이다. 그렇게 할 수 있다면 작곡가, 소설가, 영화감독이라는 타이틀을 내걸고 살아갈 수 있다. 프로페셔널이란 '계속해서' 자신을 표현할 수 있는 사람을 말한다. 즉, 일류냐 이류냐의 차이는 자신의 역량을 '계속' 유지할 수 있느냐 없느냐에 달려 있다.

|《감동을 만들 수 있습니까》, 히사이시 조|

지속하기, 지구력, 인내, 버티기……. 모든 것들이 서로 밀접하게 관련되어 있다. 지속하려면 참고 버티는 인내의 자질이 필수적이다. 그러나 이는 그것만으로는 안 되고 그 분야에 집중하기 위해 어느 정도의 흥미가 있어야 한다. 또한 그 안에서 재미를 발견할 수 있어야 한다. 다른 말로 작은 성취감이다. 사실, 흥미와 관심도 부차적이다. 어느 분야든 처음이 어려워서 그렇지 어느 정도 진도를 나가게 되면 어느 정도의 흥미와 관심을 발견할 수 있다. 자기 일에 열정이 있어야 하고, 당장에 결과가 보이지 않아도 포기하지 않고 꾸준히 지속해야 한다.

아인슈타인은 "우리가 겪는 대부분의 실패는 우리의 능력 부족이라기보다 지속성의 부족 때문이다"라고 말한다. 어려움이 있고 경제적인 궁핍함과 암담해보이는 미래에 대한 걱정이 아른거려도 포기하지 않고 지속적으로 꾸준히 밀어붙여야 한다는 것이다.

탁월함은 하나의 사건이 아닌 습성이다

처음에는 내가 습관을 만들지만 그 다음에는 습관이 나를 만든다.
| 존 드라이든, 영국 시인 |

지속하는 기술은 습관을 만든다. 어떤 행동을 무의식적으로 계속하면 진정한 의미의 습관이 되는데, 계속하기는 이 습관 만들기가 목적이다. 문제는 습관화하기까지가 어렵다는 것이다. 그리고 계속하기는 우리가 평상시에는 자각하지 못하다가 자신도 모르는 사이에 발휘하는 능력이다.

계속하기는 몸에 익혀야 하는 새로운 능력이 아니다. 태어나면서부터 갖고 있는 능력이다. 다만 이 능력을 미처 깨닫지 못한 것이며 '스위치'가 켜지지 않았을 뿐이다. 계속하기를 발휘하여 결과를 성취하는 과정이라면 그 사람의 스위치는 틀림없이 켜진 것이다. 그런데 스위치는 과정일 뿐 목적이 아니라는 것이다. 이는 마라톤 선수가 한창 달리다가 러너스 하이(Runner's high: 운동으로 인한 극심한 고통이 정신적 성취감으로 경감되는 상태)를 경험하는 것과 비슷하다. 이 험난한 여정을 계속해서 달리게 하는 힘은 달려야한다는 의무감이 아니라, 즐거움으로 인한 두근거림에서 생긴다.

성상근야 습상원야

性相近也 習相遠也

공자의 《논어》 '양화' 편에 나오는 말이다. '사람의 타고난 본성
은 서로 비슷하지만 습성은 서로 현격하게 다르다'는 뜻이다. 선천적
으로 타고난 본성은 누구나 비슷하지만 후천적으로 배양되는 습관은
각자의 노력 여하에 따라 크게 차이가 날 수 있다는 것이다. 그러므로
부지런히 배우고 익혀 좋은 습관을 길러야 한다. 아리스토텔레스도
어느 철학자 못지않게 '습관'의 중요성에 대해 강조를 했다. "당신의
모습은 당신이 반복적으로 행하는 행위의 축적물이다. 탁월함은 하
나의 사건이 아니라 습성이다"라고 말했다. 좋은 습관이야말로 자신
의 인생을 위대하게 만들어준다는 것이다. 그러면서 그는 다음과 같
이 말했다.

"나는 습관입니다. 습관은 모든 위대한 사람들의 하인이고 실패
한 사람들의 주인입니다. 위대한 사람들은 사실 습관이 위대하게 만들
어 준 것이고 실패한 사람들도 사실 습관이 실패하게 만들었습니다."

공자의 말이나 아리스토텔레스는 공통적으로 타고난 재능이 없
더라도 후천적인 노력에 의해 재능에 뒤지지 않을 만큼 영향력을 지
닌 습관을 몸에 익힐 수 있다는 것을 강조한다. 그렇게 습관이 몸에
익으면 "습관은 처음엔 거미줄이고 다음엔 쇠줄이다"라는 스페인 속
담처럼 나중에는 풀려고 해도 잘 풀리지 않는 자신의 강력한 무기가
된다. 그래서 도스토예프스키는 "습관은 어떤 일도 할 수 있게 만들어
준다"고 말한다.

지속하기의 또 다른 이름은 일관성이다. 일관성을 가지고 꾸준
히 하는 것이다. 이것 좀 해보고 바로 결과가 안 나오면 다른 것으로

바꿔 또 해보고 하는 식으로는 결과를 만들어낼 수 없다. 조선 22대 왕이자 대표적인 독서왕인 정조도 "하루 동안 읽는 양이 많지 않더라도 매일 분량을 정해놓고 꾸준히 읽어 나간다면 일시적으로 많은 책을 읽고 중단한 사람보다 훨씬 더 좋은 성취를 거둘 수 있다"며 일관되게 꾸준히 하는 것이 일시적으로 많은 양을 취하는 것보다 낫다고 강조한 것도 이때문이다.

4. 함성에 여리고성이 무너지다, 임계점(Critical point)

일곱 번째 날이 되어서, 제사장들이 나팔을 불 때에, 여호수아가 백성에게 이렇게 명령하였다. "큰소리로 외쳐라! 주께서 너희에게 이 성을 주셨다." 백성들은 고함을 지르고 나팔 소리는 울려퍼졌다. 나팔 소리가 울리자 백성은 "와!" 하고 고함을 질렀다. 그 순간 성벽이 무너져내렸다. 그러자 백성은 일제히 성으로 곧장 쳐들어가 성을 점령하였다.

| 〈여호수아〉 6장 일부 |

성서에 나온 다른 사건들처럼 여호수아 6장의 이야기는 높은 상징성을 내포한다. 여호수아를 비롯한 이스라엘 백성들은 여리고성을 그들에게 주겠다는 하나님과의 약속을 굳게 믿고, 야훼의 궤를 메고 6일에 걸쳐 매일 같이 성을 한 바퀴씩 돌았다. 그리고 일곱 번째 되는 날 마침내 여리고성을 일곱 바퀴 돈 다음 나팔 소리 신호에 따라 백성들이 다같이 힘껏 고함을 지르니 성이 무너져 내렸다. 함성이라는 임계점, 터닝 포인트가 되어 성벽이 무너진 것이다.

임계점의 사전적 정의는 물질의 구조와 성질이 다른 상태로 바뀔 때의 온도와 압력이다. 양질전환의 법칙이 말하는 임계점은 어떤 에너지가 지속적으로 더해져 축적되다가 어느 한계점에 이르면 양의 축적이 한꺼번에 대상물의 질적 변화를 일으키는 지점을 말한다. 일정한 양이 누적적으로 쌓이면 마침내 질적인 변화의 과정을 거치게 된다는 것이다.

물이 99도까지는 액체 상태로 있다가 100도가 되면 끓는다. 그때 100도가 임계점이 된 그 지점이 바로 양의 누적이 질적인 변화의 순간으로 넘어가는 지점이다. 임계점은 분야에 따라 조금씩 다른 형태로 나타난다. 자연에서는 특정 지점(물이 100도에서 끓듯이)으로 나타나기도 하지만 과학이나 수학의 영역에서는 새로운 발견이나 발명과 같은 형태로, 스포츠에서는 기록의 단축이나 순위로, 미술·음악 등의 예술 영역에서는 완성도로, 연구나 저술에서는 결과물의 형태로, 외국어 습득에서는 현저한 변화(귀가 들리고 입이 열리는)의 형태로 나타난다. 회사에서는 손익분기점이 일종의 임계점이 될 수 있으며 민주주의 체제에서는 50.1퍼센트가 임계점이 될 것이다.

그런데 임계점에서 중요한 것은 임계점 그 자체가 아니다. 물이 수증기로 변하게 만들기 위해서는 100도까지 끓어올리기 위한 에너지가 필요했듯이, 엄청난 노력과 양적인 누적이 있어야 하다는 것이다. 에릭슨과 말콤 글래드웰은 성공의 임계점이 1만 시간이라고 정의한다. 1만 시간의 노력과 연습이 전제되어야 세계 최고의 기량을 갖출 수 있다는 것이다. 1만 시간이라는 엄청난 양적이 누적이 없었다면 최고의 기량을 얻지 못했을 것이고 따라서 그 다음의 질적 변화의 사건은 나타나지 않았을 것이다.

임계점과 유사한 개념으로는 티핑 포인트, 터닝 포인트, 양자도약, 전환점, 분기점, 역치라는 말이 있다. 조금씩 어감의 차이는 있지만 핵심은 거의 비슷하다. 새로운 변화가 시작되는 지점이라는 것이다. 티핑 포인트는 '갑자기 뒤집히는 점'이란 뜻으로 때로는 엄청난 변화가 작은 일들에서 시작될 수 있고 대단히 급속하게 발생할 수 있다는 의미로 쓸 수 있는 개념이다. 이 말은 원래 1960년대 초반 미국 북동부의 도시에 살던 백인사회에서 관찰된 사회학적 현상을 일컫는 용어였다. 백인들만 살던 동네에 어느 날 흑인이 한두 명 들어와 살게 되다가 어느 특정한 지점 즉, 20퍼센트에 이르게 되면 원래 그 동네에 살던 백인들이 집단적으로 다른 곳으로 이주하는 현상을 나타냈다.

　　이러한 사회적인 현상을 관찰한 시카고대 정치학자인 모튼 그로진스는 어떤 사회적 현상이 어느 정도 이상의 인구 집단에 일어나기 시작하면 그 때부터는 기하급수적으로 들불처럼 번지는 현상, 이 사례에서는 백인들이 한순간에 동네를 떠나버리는 한계점에 도달한다는 것을 두고 티핑포인트라고 처음 명명했다. 이 개념은 미국에서 유명한 저널리스트 말콤 글래드웰이 2000년에 출간한 책《티핑포인트》를 통해 국내에 대중적으로 확산되었다. '티핑 포인트'를 유행의 출현, 무명의 책이 베스트셀러가 되는 극적인 전환, 자살 신드롬 등의 현상을 사회적 전염성을 설명하는 데 유효한 개념이라고 말하는 그는 이 책에서 '아이디어, 생산물, 메시지와 행동'이 티핑포인트로 일어나는 현상은 '바이러스처럼' 급격하게 퍼진다고 말한다.

급속도로 에너지가 바뀌다, 양자도약

새로 태어나려는 자는 한 세계를 파괴하지 않으면 안 된다
|《데미안》|

원자는 가운데 원자핵이 있고, 전자들은 원자핵 주위의 특정 궤도를 돌고 있다. 여기에 원자핵에 에너지를 가하면 궤도를 돌고 있는 전자들을 들뜨게 만들어 그 위의 다른 궤도들로 올려 보낼 수가 있다. 그런데 이 때 전자들은 정해진 특정 궤도로만 이동할 수 있을 뿐, 궤도와 궤도 사이의 중간 지점에 머물 수는 없다. 다시 말해서 전자들은 공간을 연속적으로 이동해가는 것이 아니라, 한 궤도에서 그 모습이 사라지자마자 다른 궤도에 그 모습이 갑자기 나타나는 것이다. 그리고 외부에서 에너지를 가해주는 것을 멈추면 이 전자들은 얻은 에너지를 방출하면서 원래의 궤도로 순식간에 내려가게 된다. 이를 '양자도약'이라고 한다.

'양자도약'은 양자역학의 기초를 만든 독일의 물리학자 막스 프랑크가 20세기 초에 제창한 개념이다. 전자를 구성하고 있는 원자는 서로 다른 궤도를 따라 핵의 주위를 도는데, 전자가 궤도를 변경하려면 현재 궤도와 다음 궤도 사이의 에너지량의 차이만큼 에너지를 완전히 갖춰야 나아갈 수 있다. 다음 궤도까지 필요한 99퍼센트가 있다 해도 본래 궤도에서 이탈하여 회전할 수 없다. 단지 제자리만 유지하며 회전할 뿐이다. 그러나 전자가 다음 궤도로 진입하기 위해 필요한 에너지를 축적한 바로 그 순간 변화가 일어난다.

양자도약은 원자 등 양자가 에너지를 흡수해 다른 상태로 변화할 때 서서히 변하는 것이 아니라 일정 수준에서 급속도로 변하는 것을 의미한다. 양자가 에너지를 흡수한 상태는 들뜬 상태, 에너지를 방

출한 상태는 바닥 상태다. 양자의 변화는 다른 사물과 달리 연속성을 갖지 않는다. 계단을 오르내리듯 급속도로 변한다.

　제시 리버모어는 20세기 초 미국 월스트리트를 주름잡은 당대 최고의 투자자로, 한때 개인재산이 1억 달러(현재 기준 14억 달러)에 이를 정도로 엄청난 부를 모으기도 했다. 리버모어는 15세 때 처음 주식거래를 시작한 이래 1940년에 생을 마감할 때까지 평생 동안을 주식과 상품선물에 투자했으며, 무엇보다도 기관 투자자가 아닌 순수하게 개인으로서 평생을 살다간 입지전적인 인물이다.

　그는 금융서적의 고전이자 투자의 대가들 사이에서 필독서라 불리는《어느 주식 투자자의 회상》의 실제 주인공이기도 하다. 1940년 출간된《주식 투자의 기술》은 주식시장의 장기 침체로 많이 판매되지는 못했지만, 이 책에서 그는 주식매매에 있어 '분기점'의 중요성에 대해 다음과 같이 말한다.

내가 분기점이라고 부르는 지점이 있는데, 시장이 이 분기점에 다다를 때까지 인내하며 참고 기다렸다가 거래를 시작했을 때는 항상 돈을 벌었다. 왜 그럴까? 그것은 새로운 증시 움직임이 시작되는 심리적 시점에 정확히 맞춰 행동을 개시했기 때문이다. (중략) 예를 들어 2~3년 전에 신규로 상장된 어떤 주식이 있는데, 이 주식의 최고가는 신규 상장 직후에 기록한 20달러였다고 하자. 이 회사와 관련된 뭔가 긍정적인 재료가 나와 주가가 상승세를 탈 경우 이 주식이 신고가를 기록하는 바로 그 순간 매수하면 대개는 안전하다. 어떤 주식이 50달러, 또는 60달러나 70달러까지 상승했다가 20포인트 정도 떨어진 다음 1~2년간 이전 고점과 이전 저점 사이에서 움직인다고 하자. 그러다 이전 저점을 깨고 내려가면 이 주식은 직하할 가능성이 높다. 왜 그럴까? 이 회사에 뭔가 잘못된 일이 생겼기 때문이다.

주가 기록을 항상 기억하면서 이를 시간요소와 결합시켜 생각한다면 빠르게 움직이는 주가 흐름에 올라타 매매할 수 있는 수많은 분기점을 찾아낼 수 있을 것이다. 하지만 분기점에 기초해 거래하는 방법을 배우려면 인내가 필요하다. 메모장에 자기 손으로 직접 기록한 주가 기록을 연구해야 하고, 분기점이 얼마가 될 것인지 하나하나 미리 짚어봐야 하는데, 이를 위해서는 반드시 상당한 시간을 투자해야 한다. 이 같은 분기점 연구는 개인적인 탐색으로는 정말 믿기지 않을 정도의 환상적인 황금광(黃金鑛)이라는 사실을 확인할 수 있을 것이다.

변화는 도둑같이 찾아온다

그런즉 깨어 있으라. 너희는 그 날과 그 때를 알지 못하느니라.
| 〈마태복음〉 |

중국 황하에서 멀지 않은 한 마을에서 홍수에 대비하기 위해 사람들이 높은 둑을 쌓았다. 그런데 하루는 늙은 농부가 그 옆을 지나다가 둑에 개미굴이 갑자기 많아진 것을 우연히 발견하게 되었다. 개미굴 때문에 둑이 위험해질 수도 있다고 여긴 농부는 서둘러 마을 사람들에게 알려야겠다고 생각했다. 그런데 그의 아들이 이렇게 말했다. "이렇게 단단한 둑이 설마 그깟 작은 개미굴 몇 개 때문에 무너지기야 하겠어요?" 농부는 마지못해 아들에게 이끌려 그냥 밭으로 갔다. 그런데 그날 밤, 거센 바람이 몰아치더니 강이 범람하기 시작했다. 거센 강물이 둑까지 차올랐다. 처음에는 별일이 없을 것처럼 보였지만, 점점 개미구멍으로 물이 새어들더니 구멍이 커지면서 물이 분수처럼 뿜어져 나왔다. 머지않아 둑은 일시에 무너졌고 인근에 있던 마을과 논

밭은 순식간에 물바다로 변해버렸다.

"천리 둑도 개미구멍에 무너진다"는 중국의 속담은 바로 이 이야기에서 유래되었다고 한다. 이와 비슷한 영어 속담에도 "낙타의 등을 부러뜨리는 것은 마지막 한 개의 지푸라기"라는 말이 있다. 지푸라기 하나는 그 자체로는 무게를 잴 수도 없을 정도로 가볍지만, 이미 쌓인 수천수만 개의 무게에 더해진다면 그 무게가 낙타의 등도 무너뜨리는 수준이 된다는 것이다.

그런데 이러한 임계점이 찾아오는 순간은 정확히 언제인지 알 수는 없다. 하지만 축적이 쌓이고 쌓이면 나타날 수밖에 없는 것이 임계점이다. 따라서 그 순간을 늘 언제든 나타날 수 있음을 알고 늘 깨어 있어야 한다. 늘 깨어있어 준비하고 있어야 임계점의 순간을 볼 수 있다는 것이다.

궤도에 오르는 순간 폭발적인 가속이 붙는다

11

"만권의 책을 읽고 나니
붓이 신들린 것처럼
술술 내려간다."

두보

앞서 살펴본 양질전환 법칙의 원리와 구성 요소는 몇 단계 과정을 거치면서 나타난다. '누적→ 가속→ 변화'의 3단계가 그것인데, 조건과 상황에 따라 단계별로 적용되는 기간과 과정, 세부 내용은 조금씩 다르게 나타날 수 있지만, 기본적인 단계는 거의 동일하다고 할 수 있다. 각 단계별 주요 특징과 내용을 살펴보자.

1. 누적의 단계

"○○○ 선수는 경고 누적으로 결장하게 되었다."

"피로가 누적돼 손이 떨리고 말이 어눌해지며 집중력과 기억력도 떨어지게 되었다."

"누적되어온 소득과 자산 소득의 불평등이 사회문제를 초래하게 되었다."

"그들의 누적된 분노와 극단적 복수심이 또 다른 테러를 부추기고 있다."

"누적된 영업 손실로 인해 경영의 어려움에 직면했다."

"불평등에 따라 누적된 불만이 공동체의 화합을 저해하게 될 것이다."

"국민들의 누적된 불만이 집권당의 총선 패배를 가져온 것이다."

"알뜰폰 누적 가입수는 이번 달에 500만 명을 돌파할 것으로 예측된다."

"영화 ○○○○이 드디어 누적 관객수 1,000만 명을 돌파했다."

신문에서 찾은 누적이 표현된 문맥들이다. 모든 변화의 이전에는 그러한 결과를 초래한 행동들이 '누적'되어 나타난다. 운동 경기에 결장하게 된 선수는 그전에 경고가 '누적'된 결과이고. 집중력과 기억력이 떨어진 것은 피로가 '누적'된 것이고, 테러를 부추기게 된 것도

'누적'된 불만이라는 전제가 있었다. 또한 사회문제가 생긴 것은 '누적'된 소득과 자산소득의 불평등 때문이며, '누적'된 불만과 극단적인 복수심이 테러를 불러일으킨 것이다. 그러니 문제를 해결하려면 '누적'된 것들을 해소해야 한다.

어느 날 갑자기 나타난 변화는 없다. 모든 사건이 '누적'되어 나타난 결과다. 1,000만 명을 돌파한 영화는 그 전에 500만 명, 700만 명, 900만 명의 관객이 '누적'된 후에 나타난다. 알뜰폰 가입자가 500만 명을 돌파하기 전에 누적가입자는 100만, 300만 명을 차례대로 돌파한 것이다. 모든 것이 차곡차곡 쌓이는 것이다. 양질전환은 3단계로 이루어진다. 그 첫 단계는 누적의 단계다. 누적되지 않고는 아무것도 이루어질 수 없다. 질의 변화를 획득하기 위해서는 양의 누적이 필수적이다.

노벨상 콤플렉스와 누적 문화의 부재

2015년까지도 한국은 화학, 물리학, 생리의학, 문학, 경제학 등 노벨평화상을 제외한 다른 분야에서 단 한 번도 노벨상 수상자를 내지 못하고 있다. 매년 그 해의 노벨상 수상자 발표가 끝나면 한국 내에서는 여러 의견들이 나온다. 한국 현대사의 모습이 그러했듯이, 짧은 기간에 집중적으로 정해진 목표를 초과 달성하던 습관에 길들여져 있다보니 오랜 기간 노력의 성과가 지속적으로 누적되지 못하고, 시행착오의 과정을 밟아가는 문화가 사회적으로 만들어지지 않은 것이다. 이런 환경에서 노벨상 수상자가 나왔다면 그것이 오히려 이상한 일일 것이다.

반면 노벨평화상을 한국이 수상한 것에 대해 생각해보자. 김대중 전 대통령이라는 개인의 역량과 경력도 중요했겠지만, 무엇보다도 한국의 민주화와 평화를 위해 많은 사람들이 오랫동안 쌓아온 경험과 투쟁의 누적된 결과라고 보는 것이 더 타당할 것이다. 필자는 이런저런 작업을 위해 해외의 여러 논문들과 데이터들을 찾아볼 일이 있다. 그런 과정에서 서구권의 축적된 자료들을 보다보면 깜짝 놀라는 때가 많다(그렇다고 필자가 서구 문화에 대한 추종자는 아니다). 수년도 모자라 수십 년간의 자료를 축적하고 관련 데이터를 쌓아가는 것에 놀라움을 금치 못한다.

　　《행복의 조건》이라는 2002년에 나온 책이 있다. 이 책은 '성공적인 인생이란 무엇인가'에 대해 1920년대부터 70년이 넘는 기간 동안 연구해온 하버드대학교의 조지 베일런트 교수가 성인발달연구를 토대로 한 연구 결과의 중간 보고서다. 이 연구의 대상은 하버드 집단, 이너시티 집단, 터먼 여성 집단 세 집단으로 총 814명이다. 세 집단은 특정 시기의 10대들을 대상으로 선정되었는데 하버드 집단이란 하버드 법대 졸업생 집단이며, 이너시티 집단은 대도시 중심부의 저소득층 거주 지역 출신 고등학교 중퇴자로 이후 크게 성공을 거둔 남성들 집단이며, 터먼 여성 집단은 IQ 연구를 처음 제안한 루이스 터먼 박사의 이름을 딴, 천재아 연구에서 찾아낸 여성들의 집단이다.

　　각 집단별로 연구 시작 시기나 연구 방법이 약간씩 다르나 대체로 2년마다 설문 조사를 하였고, 5년마다 건강검진기록부 제출을 받아서 연구가 진행되었다. 각각의 집단에 대해 청소년 때부터 시작하여 늙어 죽을 때까지 신체적, 정신적 발달 과정을 연구하여 그 결과를 보고서로 작성한 것이다.

이 책을 쓴 하버드대학교의 조지 베일런트 교수 또한 이 연구의 중간부터 시작하여 현재까지 참여하고 있다. 이처럼 이 연구는 수년도 아닌 70년이 넘는 기간 오랜 기간을 여러 집단을 추적·관찰해 왔으며, 그 결과 방대한 데이터를 축적해왔다. 그리고 그러한 작업은 현재도 진행 중이다. 엄청난 시간과 방대한 양의 축적이다.

이에 비해 우리의 연구 풍토는 어떤가? 위와 같이 수십 년은 고사하고, 수년간의 데이터를 축적한 자료도 많지 않은 것이 현실이다. 가장 큰 차이는 주제 선정도 그 주제를 다루는 사람도 아닌 오랜 기간의 축적과 방대한 데이터의 차이다. 시간과 양의 축적 또는 누적이 없이는 질적인 변화도 이루어지지 않는다.

2. 가속의 단계

뉴턴의 운동 제2법칙은 가속도의 법칙이다. 물체에 힘을 가하면 힘의 방향으로 가속도가 생기며, 가속도는 힘의 크기에 비례하고 물체의 질량에 반비례한다는 것이다. 무거운 물체일수록 움직이는 데 큰 힘을 필요로 한다.

오래되고 무거운 습관일수록 시작은 느리지만 한번 시작하면 멈추기 어렵다. 달리는 기차는 급정지하기 어렵고 얼음에 갇힌 입자는 얼음을 벗어나기 어렵듯, 과거의 자기 자신(습관)으로부터 탈출하기는 어렵다. 하지만 일단 움직이기 시작하면 관성의 법칙에 의해 내달리게 되고, 그 물체는 또한 가속도의 적용을 받는다. 그것이 바로 운동의 제2법칙 가속의 법칙이다.

양질전환에도 가속의 법칙이 적용된다. 일정한 양이 누적되고부터는 초기와 비교해 결과가 급격히 달라지는 현상이 나타난다. 처음에는 100의 결과를 얻기 위해 10의 시간과 노력이 필요했다면 나중에는 200의 결과를 얻는 데 20이 아닌 15의 시간과 노력이면 가능하다. 가속의 효과가 나타나기 때문이다.

가장 일반적으로 접할 수 있는 가속의 사례는 복리의 법칙이다. 처음에는 원금에 대한 이자만 붙지만 나중에는 이자까지 붙은 원금에 다시 이자가 붙는 식이기 때문에 초기에는 변화를 크게 느끼지 못하지만, 시간이 갈수록 엄청난 차이를 보이게 된다.

수학에서 1차함수는 직선으로 움직인다. 투자 대비 결과가 즉각적으로 나타난다. 반면에 2차함수는 장기간에 걸쳐 놓고 보면 초기에는 굉장히 더디게 진행되어 보인다. 이처럼 양질전환의 법칙의 적용을 받는 일들은 초기에는 완만한 속도로 느리게 이루어진다. 더디게 발전하던 어느 시기가 지나면 갑작스러운 성장과 발전의 시기가 온다. 완만하게 오르던 실력이 급상승하는 것이다. 그때가 되면 1차함수식 성장과는 비교가 되지 않는다. 어느 일정한 시점을 지나면서부터는 그 간극이 몇 배, 몇 십 배가 된다. 그 성장세와 파급효과는 상상 이상으로 엄청나다.

문제는 초반의 누적과 기다림이다. 장기적으로 길게 멀리 내다보는 혜안과 인내로 기다림의 시간을 이겨 내는 것이 중요하다. 쉽게 싫증내거나 포기하지 말고 기다림의 미덕을 가져야한다. 인생 자체가 2차 함수의 곡선을 닮았기 때문이다. 속도와 순발력이 시대를 지배하는 것처럼 보여도 장기적으로 큰 가치를 창출해내는 것은 2차 함수식 사고방식이다. 세상의 본질을 꿰뚫는 규칙은 변하지 않는다. 오히려 고전적인 주제에 관심을 가질수록 자기 분야에서 큰 성공의 길이 열릴 가능성이 높을 것이다.

대나무는 원래 한번 자라면 엄청난 속도로 빨리 자라는 나무다. 그래서 '봄철 비온 뒤에 대나무 자라듯' 어떤 일이 일시에 엄청나게 크거나 성장하는 것을 빗댄 '우후죽순(雨後竹筍)'이라는 말이 나온 것이다. 중국 삼국시대 오나라 때 맹종(孟宗)이라는 효성이 지극한 이가 있었다. 어려서 아버지가 돌아가시고 가난한 생활이었지만, 어머니와 서로 의지하며 나름대로 오붓하게 살고 있었다. 그의 어머니가 죽순을 무척이나 좋아하였는데 어느 해 겨울, 문득 죽순이 먹고 싶다고 말하였고 효성이 지극한 맹종은 가까운 산들을 누벼 죽순을 찾아다녔다. 죽순을 찾아 헤매다 지친 맹종이 눈밭에 주저앉아 울고 있을 때, 그가 앉은 바로 옆에서 죽순이 솟아올라 순식간에 자라났고 맹종은 죽순을 캐서 집으로 돌아가 어머니께 해드렸다. 그는 이후 곡죽생순(哭竹生筍, 대나무를 붙들고 통곡하니 죽순이 돋아나다'는 뜻을 가진 고사성어)의 주인공이 되었고 그는 중국의 이름난 효자를 뜻하는 말인 이십사효(二十四孝)의 한 사람이 되었다.

영화 '와호장룡'에서 환상적인 칼싸움의 배경이 되는 대나무 밭이 바로 맹종죽이다. 효성이 지극했던 맹종의 이름을 따서 지은 이름이라고 한다. 맹종죽은 모죽 또는 강남죽이라고도 불리는데, 중국 강남 지역에 넓게 분포하고 있는 대나무로, 그 이름(孟맏이 宗으뜸)처럼 최고의 대나무의 하나로 여긴다. 그런데 이 맹종죽은 처음에 땅에 심었을 때는 잘 자라지 않는다고 한다. 그러다가 5년이 지나면 손가락만한 죽순이 돋아나 주 성장기인 4월이 되면 갑자기 하루에 80센티미터 이상씩 쑥쑥 자라기 시작해 2개월 만에 8미터 높이로 자라며,

최대 30미터까지 자란다.

　그렇다면 왜 5년이란 세월동안 자라지 않았던 것일까? 의문을 가진 학자들이 땅을 파보았더니 대나무의 뿌리가 땅속 깊이 사방으로 넓게 뻗어나가 자리 잡고, 심지어는 10리(4킬로미터)까지 이르는 뿌리도 있었다고 한다. 5년 동안 숨죽인 듯이 흙 속으로 뿌리를 내리며 견고하게 내실을 다지고 그렇게 5년이 경과한 후에 당당하게 세상에 그 모습을 드러낸 것이다. 양질전환의 법칙과 맹종죽은 5년이라는 시간 동안 땅속에 묻혀 있다가 임계점에 도달하니 가히 폭발적으로 성장하는 것과 같은 이치다. 초기에는 오랜 기간에 걸쳐 천천히 성장하지만 그런 누적의 기간이 충분히 쌓이면 어느 순간에 폭발적인 가속성장의 단계를 만나게 되는 것이다.

경험 가속도의 법칙

　'보상의 수레바퀴는 천천히 돈다'는 말이 있다. 많은 노력을 기울이더라도 즉각적으로 뒤따르는 보상은 별로 없거나 거의 없다. 하지만 수레바퀴를 계속 돌리다보면 나중에는 적은 노력으로도 계속 수레바퀴를 돌릴 수 있게 되고, 그때가 되면 보상의 크기도 커지게 된다는 의미다.

　우리가 목표를 달성하거나 원하는 것을 얻고자 할 때 간혹 쉽게 얻는 것도 있지만 그렇지 않은 게 대부분이다. 많은 시간을 필요로 하고 많은 노력도 필요로 하며 많은 에너지를 필요로 한다. 때로는 많은 사람들을 필요로 한다. 시간, 노력, 에너지, 사람이 의미하는 바는 하나다. 충분한 준비와 숙성의 과정을 거쳐야 한다는 것이다. 그래야 비로소 만족이라는 결과를 얻을 수 있다.

이처럼 중요한 것들은 대부분 엄청난 양의 경험을 필요로 한다. 돈만 부익부 빈익빈이 되는 것이 아니고, 학습능력도 부익부 빈익빈, 운동 능력도 부익부 빈익빈이 된다. 무엇보다 중요한 것은 연습을 하면 할수록 실력이 늘어난다는 것이다. 오랜 숙성의 시간을 보낸 포도주가 깊은 맛을 내는 것도 이러한 원리다. 시험공부도 마찬가지며 보디빌딩도 마찬가지다. 어차피 엄청난 양의 웨이트 트레이닝을 해야 하고 오랜 기간 동안 영양식 위주의 식단을 섭취해야 한다.

이처럼 모든 것들은 일정 양 이상의 경험을 쌓아야 하기 때문에 장기적 관점으로 보면 눈앞의 작은 순서는 무의미하다. 당장에야 눈앞의 작은 순서가 중요해 보일지 모르지만, 길게 보면 의미 없는 순서 다툼에 지나지 않는다. 따라서 작은 순서 다툼보다는 길고 먼 미래를 내다보면서 꾸준히 나아가는 것이 훨씬 더 중요하다. 그런 면에서 어떤 분야에서 '최초'가 되려고 하는 것은 매우 위험할 수 있다. 최초가 되기 위해 변칙과 불법을 저지를 가능성이 높기 때문이다. 초년 출세를 조심하라는 의미도 일맥상통한다.

어쨌든 처음엔 무엇이든 쉽지 않다. 그러나 처음에만 그렇다. 경험은 쌓이는 것이다. 짧은 경험을 가지고 안 된다고 판단할 것이 아니라, 꾸준히 지속적으로 경험을 쌓아가야 한다. 그렇게 경험이 쌓이다가 어느 순간에 도달했을 때 그 성과의 속도는 기대한 것보다 훨씬 빨라진다. 가속도의 법칙이 이렇게 적용되는 것이다.

어떤 운동도 처음에는 많은 힘이 필요하지만 어느 정도의 궤도에 도달하면 처음만큼의 힘이 필요하지 않게 된다. 점점 가속도가 붙기 때문이다. 조급함을 버리고 불안해하지도 말고 길고 멀리 보는 태도로 자기가 선택한 분야에 그저 묵묵히 임하자. 그러면 가속도의 법칙이 우리를 원하는 목적지로 안내해 줄 것이다.

그런데 가속도의 법칙의 가장 중요한 전제조건은 앞서의 '누적'이다. 누적이 전제되어야 비로소 가속이 나타날 수 있다. 누적이 없으면 가속이 나타날 수 없다. 대나무 맹종죽처럼 5년이라는 기간 동안 대나무는 지상으로 올라오지 않았지만, 땅속에서 뿌리를 내리는 누적의 기간이 있었다. 그러기에 어느 순간이 되니 폭발적인 가속의 성장이 찾아온 것이다. 따라서 당장 효과가 나타나지 않는다고 조급해 할 필요가 없다. 끊임없는 전진과 누적이 쌓이면 어느 순간 큰 변화가 온다.

3. 변화의 단계

양질전환의 세 번째 단계는 변화다. 누적된 지식과 경험, 꾸준한 훈련과 반복이 새로운 발견이나 엄청난 도약으로 나타나는 것이다. 외국어 학습의 과정이라고 한다면 귀가 트이고 입이 열리는 단계고 과학의 영역이라면 새로운 발견이나 발명으로 나타날 것이며, 미술이나 음악 등의 예술의 영역이라면 위대한 창작으로 나타날 것이다.

양이 '외적 규정성'이라고 한다면 질은 '내적 규정성'이라고 할 수 있다. 외적으로 증가하고 많아지는 것이 어느 순간 '서당 개 3년 만에 풍월을 읊고', '학교 부근 참새가 입문서를 따라(The sparrow near school sings the primer)'하듯이 내적으로 변화된 모습으로 나타나는 것이다.

"남아수독오거서(男兒須讀五車書)"라는 말이 있다. "젊은이는 모름지기 다섯 수레의 책을 읽어야 한다"는 중국 당나라 때의 시인 두보의 시구인데, 고등학교 국어책에 나와 우리에게도 익숙해진 말이다. 그런 두보가 한 말 가운데 양질전환의 법칙의 정수를 보여주는 말이 있다.

만 권의 책을 읽고 나니
붓이 신들린 것처럼 술술 내려간다.
讀書破萬卷 下筆如有神

"만 권의 책을 읽고 나니 붓이 신들린 것처럼 술술 내려간다"는 이 시야 말로 양질전환의 법칙을 설명하는 핵심적인 말이 아닌가 싶다. 이 시구를 보고 있으면 만 권의 책을 읽은 시성(詩聖) 두보가 부드러운 순백의 종이 위에 붓을 들어 신들린 듯 시를 쓰고 있는 모습이 연상된다. 그는 《문선(文選)》(제·양나라의 시를 모아 묶은 책)에 정통했던 것은 잘 알려진 사실이고 그 외에도 경전, 역사서, 제자서 등 모든 방면을 섭렵하여 그 지식을 시에 활용하였다. 따라서 그의 시에는 다양한 전례와 고사가 출현한다.

성공한 작가들은 하나같이 입을 모아 글쓰기엔 왕도가 없다며 무조건 많이 쓰고 많이 읽고 많이 생각하라는 '다문 다독 다상량'의 법칙을 강조한다. 그래야 두보의 시구에서처럼 저절로 쓰여지게 되는 단계에 이르게 되는 것이다. 수많은 독서를 통해 글을 쓸 소재가 떠오르고 관련 자료를 취합하고 정리한 뒤 자기만의 독특한 관점과 입장을 만들어 가는 것이다.

미하이 칙센트미하이 교수가 제시한 몰입은 시간이 멈춘 듯이 천천히 가고 즐거움이 커지며 전혀 힘들지 않게 느껴질 만큼 어떤 일에 빠져든 상태다. 삶이 고조되는 순간에 물 흐르듯 행동이 자연스럽게 이루어지는 느낌을 표현한 말로 두보가 말한, '만 권의 책을 읽으니 붓이 신들린 것처럼 슬슬 내려간다'는 의미와 거의 일맥상통한다. 몰입의 최고의 경지인 것이다.

　석사 논문을 한 편 쓰기 위해서는 최소 10권 이상의 다른 논문을 읽어야 하고, 박사 논문을 쓰기 위해서는 최소 100권 이상의 다른 논문을 읽으라는 말이 있다. 그만큼의 최소한의 관련 지식과 정보가 누적되어야 원하는 논문을 쓸 수 있다는 말이다. 변화는 누적의 결과물이기 때문이다.

　《유혹하는 글쓰기》에서 스티븐 킹은 작가가 되기 위해 가장 중요한 것은 하루 4~6시간의 집필과 독서라고 했다. 그는 어느 인터뷰에서 "생일과 추수감사절만 빼고 일 년 내내 글을 쓴다"라고 말한 적이 있는데, 사실 그것은 거짓말이었다. 스티븐 킹은 나중에 이렇게 정정했다. "솔직히 말하자면 나는 생일과 추수감사절에도 글을 쓴다." 이런 정도의 끊임없는 누적이 선행되어야 변화가 올 수 있다.

　그런 면에서 책 요약문과 목차만 100권을 봐온 사람에게 책을 쓰라고 한다면 과연 책을 쓸 수 있을까? 아마 쉽지 않을 것이다. 100권이나 되는 많은 책들을 봤으니 쓸 만도 한데 못 쓰는 것은 왜일까? 블로그에 올리는 정도의 가벼운 글을 몇 개 쓸 수는 있겠지만 한 분야에 대한 전문지식과 깊이를 요하는 글은 피상적이고 수박 겉핥기식 공부로는 어림도 없는 일이다.

　한 권의 책을 낸다는 것은 그 분야에 대한 깊은 공부와 성찰을 바탕으로 한다. 100권을 읽었더라도 온전히 책을 소화한 사람이 책을 쓸 수 있을 것이다. 책을 온전히 읽는다는 것은 저자의 주장과 메시지를 받아들여 그 입장 속으로 들어가는 것인데, 목차와 요약문을 보는 정도로는 자기화가 되지 않는다. 자기화가 되는 과정은 반복적인 익힘과 되새김 속에서 가능한 일이다.

법칙 공식

아인슈타인의 상대성이론 공식이 있다. $E=mc^2$. 에너지는 질량과 빛의 속도의 제곱에 비례한다는 이 공식을 원용해 새로운 양질 전환의 공식을 제안한다.

질적 변화(Quality) = 몰입(Flow) × 양(Quantity)^2

질적인 변화는 '양의 제곱과 몰입의 곱'에 비례한다. 양에 제곱을 붙인 것은 양은 시간이 갈수록 제곱 즉, 복리로 늘어나기 때문이다. 양의 증가가 복리로 늘어나는 원리에 대해서는 앞서 누적과 가속의 단계에서 설명한 바 있다. 나머지 다른 요소인 몰입은 질적인 변화의 촉매제다. 양의 투입만으로도 질적인 변화가 가능하지만, 그 양은 몰입된 양이어야 한다. 그러면 질적인 변화의 시간을 단축시킬 수 있다.

예를 들어 돋보기로 태양빛을 모아 어떤 물체를 태우는 것을 생각해보자. 여기서 가장 기본은 태양의 빛에너지라는 엄청난 양이다.

맑게 갠 날 태양이 지구 지면을 비치는 빛의 밝기는 1미터 높이에서 100와트짜리 백열전구의 100배의 밝기와 맞먹는다고 한다. 태양은 지구와 1억 5천만킬로미터나 되는 먼 곳에 떨어져 있지만 태양에서 나오는 빛의 양이 엄청나다는 것을 알 수 있다.

그런데 이 엄청난 태양빛은 각종 동물식의 광합성과 성장을 도와주는 좋은 에너지를 발산하지만, 물체를 태울 수 있을 정도의 파괴력을 지니기 위해서는 돋보기라는 매개를 통과해야 한다. 태양에너지의 엄청난 양이 돋보기를 통과하면서 한 곳으로 모이는 집중, 몰입의 과정을 거쳐야 물체가 타는 것이다. 여기서 돋보기는 임계점을 높여주고 촉진시켜 주는 모티베이터와 같은 역할을 한다.

질의 변화는 양과 몰입의 만남이다. 양이 제곱인 것은 그만큼의 엄청난 양이 필요하기 때문이라고 했다. 하지만 이 엄청난 양은 1만 시간이든, 10년의 법칙이든 그 기간이 분산되고 효율적으로 수렴되지 않는다면 돋보기 이전의 태양 빛에 지나지 않는다.

액체 상태의 물이 수증기가 되는 과정을 보자. 열에너지가 물이 담긴 주전자를 데우는 데만 사용되어야지 그렇지 않고 허공의 공기 전체를 데운다면 시간이 흐른다고 물이 금세 데워지지 않는다. 물이 담긴 주전자만을 집중적으로 데워야 한다. 그렇게 데워진 물이 100도라는 임계점을 지나면서 끓는 것이다.

책을 한 권 쓰는 과정을 여기에 비유하자면 다독은 기본이며 그것도 한 분야에 집중된 다독이 필요하다. 때로는 광범위한 다독도 필요하겠지만, 제한된 시간 내에 결과물을 만들어내기 위해서는 원하는 분야를 중심으로 하는 집중된 독서가 필요하다. 집중(몰입)과 다독(양)이라는 두 가지 요소가 다 같이 필요한 것이다.

앞서 살펴보았지만 1만 시간의 법칙을 처음 제시한 앤더스 에릭슨 교수의 연구에서 상대적으로 간과되고 있는 것이 바로 신중하게 계획된 연습이다. 신중하게 계획된 연습은 달리 말하자면 다른 일들을 동시에 하면서 할 수 없는, 그 연습에만 몰두된 상황을 말한다. 몰입의 상태, 집중의 상태다. 즉, 최고의 경지에 이르기 위해서는 1만 시간이라는 절대적인 시간(양)의 투입도 중요하지만, 이와 더불어 '신중하게 계획된' 몰입된 연습이어야 한다는 것이다.

주

석

1) 《빛나는 실수》, 폴 슈메이커, 198p.

2) "'엘 시스테마'에서 키운 꿈, 현실이 됐네요", 〈연합뉴스〉 '파초 플로레스' 인터뷰에서, 2013년 8월 2일.

3) "'엘 시스테마'의 영웅 구스타보 두다멜", 〈월간중앙〉 '사람과 사람' 스페셜인터뷰에서, 2015년 1월.

4) 《과학 창의성 : 우연 논리성 천재성 그리고 시대정신》, 딘 키스 사이먼튼, 〈Creative Productivity: A Predictive and explanatory Model of Career Trajectories and Landmarks〉 논문.

5) 통찰(Foresight)은 발산적 사고(divergent thinking)를 말한다. 발산적 사고는 정보에 대한 광범위한 탐색과 문제에 대해 새로운 대답을 많이 생성하는 능력을 뜻하며(반대개념: 수렴적 사고), 심리학자 길포드(Guilford)가 처음 제안했다. 길포드는 확산적 사고를 문제에 대한 유창성(많은 아이디어를 생성하는 능력), 민감성(문제를 인지하는 능력), 융통성(다양한 범주의 아이디어를 생성 하는 능력), 독창성(독특한 연합을 생성하는 능력)의 요소로 구분했다.

6) 세계 3대 지능 검사(레이븐, 웩슬러, 위스크) 중 하나. 멘사(Mensa) 가입 시 지능지수 평가도구로 알려져 있다.

7) 《무엇이 지능을 깨우는가(Intelligence and How to Get It)》, 리처드 니스벳, 13쪽.

8) 《재능은 어떻게 단련되는가》, 제프 콜빈, 118쪽.

9) '작심 1만 시간' SBS 인터뷰 중

10) 2012년 7월 유럽원자핵공동연구소(CERN)가 대형 강입자 충돌 실험을 통해 힉

스입자를 발견했다고 발표했고, 2013년에는 일본 도쿄대학과 고에너지가속기 연구기구 등 국제연구팀 또한 힉스입자 존재를 확인했다고 발표했다.

11) 〈World Cancer Report〉, 세계보건기구 산하 국제암연구소 발행, 2003.

12) 세계보건기구의 《National Cancer Control Programes》 책자에 소개된 내용 (Doll R, Peto R, The Cause of Cancer: Quantitative estimates of avoidable risk of cancer in the United Status today. Journal of the National Cancer Institute, 1981, 66:1191-1308)

13) 자연주의 의사결정이란, 의사결정의 원리를 알아내는 데 있어서 이론을 먼저 확립하는 대신 실제 전문가와 실제 상황에서 어떻게 의사결정이 일어나는가를 관찰과 실험을 통해 알아내는 방법이다. 자연주의 의사결정이론을 통해 알아낸 것은 공통적으로 전문가들은 '직관'에 많이 의존한다는 것이다. 특히 클라인은 인식-촉발 결정모델을 만들었다.

14) 《인튜이션》, 게리 클라인, P.21~22.

15) 《인튜이션》, 게리 클라인, P.224~225

16) 《마음의 미래》, 미치오 카쿠, 216p.

17) 《마음의 미래》, 미치오 카쿠, 218p.

18) 《마음의 풍경》, 미리엄 볼린 피츠제럴드, 82p.

19) 《콰이어트》, 수전 케인, 255p.

20) 2011년 결과에 의하면 1위부터 10위까지의 국가별 순서는 다음과 같다. 한국 (613), 싱가포르(611), 대만(609), 홍콩(586), 일본(570), 러시아연방(539), 이스라엘(516), 핀란드(514), 미국(509), 영국(507) 순이다. (괄호는 점수)

21) 《몰입의 즐거움》, 미하이 칙센트미하이 120p.

22) 《탤런트 코드》, 대니얼 코일, 120p.

23) 《탤런트 코드》, 대니얼 코일, 111p.

24) '1만 시간의 법칙', SBS 인터뷰 중.

25) 《열정과 기질》, 하워드 가드너, 79p.

26) 데이터의 출처: http://www.isuresults.com/ws/ws/wsladies.htm

27) 〈블룸버그 비즈니스위크〉, 앤더스 에릭슨 인터뷰 중, 2011년 11월 29일.

28) '작심 1만 시간' SBS 인터뷰 중.

29) 《재능은 어떻게 단련되는가》, 제프 콜빈, 294p.